교육과정 문해력

교육과정-수업-평가-기록 일체화와 과정중심평가 KEY

교육과정 문해력

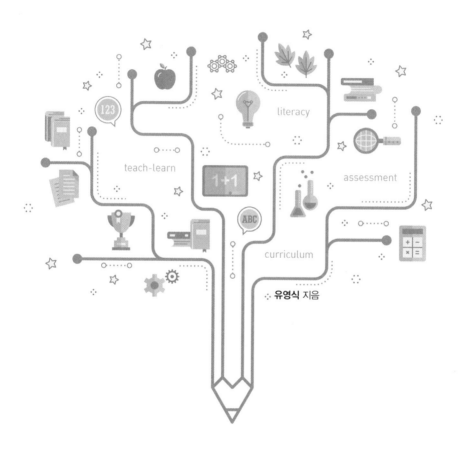

유영식 지음

테크빌교육

교사가 전문직인 이유는 무엇일까? 교사의 역할이 교과서를 있는 그대로 학생들의 머릿속에 집어넣고, 교실에서 떠들고 장난치는 아이들을 권력으로 제압하는 역할에 한정되어 있다면, '전문직'이라는 단어를 붙일 수 없다.

전문직으로서의 교사는 아이들의 다양한 특성을 볼 수 있는 눈, 아이들을 모두 담아내어 성장시킬 수 있는 교육과정 설계자, 학생들의 배움을 최대한으로 끌어낼 수 있는 수업 디자이너, 배움을 진단하고 고쳐 줄수 있는 평가 설계자로서의 역할이 요구된다. 이러한 역할을 위해 교사는 교육과정 문서를 이해하고 실천할 수 있는 '교육과정 문해력'을 갖추어야 한다.

이를 위하여 이 책은 교육과정 문해력과 교육과정-수업-평가-기록 일체화, 과정중심평가 및 실천 가이드의 4가지 큰 주제로 책을 구성하였다. 교육과정 문해력, 교육과정-수업-평가-기록 일체화, 과정중심평가에 대한 담론과 논의는 이 주제와 관련된 전국의 수많은 연수(교감 자격, 교육전문직, 수석교사, 1급 정교사 및 신규 교사)에서 함께 나눈 이야기를 바탕으로 구성하였다. 교육과정 문해력과 교육과정-수업-평가-기록 일체화, 과정중심평가를 위한 20가지 실천 가이드는 실제 필자가 다양한 학교 현장에서 혁신학교 교육과정부장, 교육부 교육과정 개발 관련 정책연구학교 연구부장으로서 교육과정 문서를 해석하고 실천하였던 노하우를 바탕으로 구성하였다.

1장과 2장에서는 교사로서 교육과정 문해력을 갖추어야 하는 이유와 의미를 설명하였다.

3장에서는 교육과정 문해력의 결과는 '교육과정-수업-평가-기록의 일체화'임을 제시하고, 교육과정-수업-평가-기록 일체화를 과학적인 관점에서 설명하였다.

4장에서는 교육과정 문해력을 바탕으로 학생의 성장과 발달을 지원하고 미래교육에서 강조하는 역량을 키우고 평가할 수 있는 과정중심평가에 대하여 논하였다. 과정중심평가를 평가 이론에 국한된 설명이 아닌 교육과정과 수업 연계 관점에서 설명하고, 실천을 위한 현실적인 관점에서 분석하고 설명하였다.

5장에서는 교육과정 문해력, 교육과정-수업-평가-기록 일체화, 과정중심평가를 교실에서 실천할 수 있는 구체적인 실천 방법과 사례를 제시하였다. 교육과정 문해력을 키우고, 과정중심평가를 실천하여 교육과정-수업-평가-기록을 일체화할 수 있는 20가지 실천 방법인 Core 20을 제시하여 단순 앎으로 끝나는 책이 아닌 구체적 실천으로 연결될 수 있는 책이 될 수 있도록 하였다.

마지막 장에서는 이 책의 전체 내용을 정리하면서 미래교육을 위한 교사의 교육과정 역량을 그림 한 장으로 정리하는 '미래교육 빅픽처'를 제시하였다.

이 책을 통하여 미래교육을 위한 교육과정과 수업, 평가를 볼 수 있는 눈과 실천 역량을 키울 수 있기를 바란다.

CONTENTS

6장 • 교육과정으로 그리는 미래교육 빅픽처

1장

왜 **교육과정 문해력**인가

교사가 전문직인 증거

흔히 교사를 '전문직'이라 한다. 그러나 이 글을 읽는 교사 대부분은 자신의 직업이 무엇 때문에 전문직인지 콕 집어 대답하기 쉽지 않을 것이다. 반면 판사나 의사 같은 직업군의 경우 누구든 전문직이라 인정하고, 다양한 이유를 들어 설명할 것이다. 의사의 경우 몸이 아픈 사람들의 병을 진단하고 고치는 데 다양한 전문적 역량을 발휘하며, 이러한 이유로 인하여 전문직이라 통칭한다. 그럼 교사는 어떨까? 의사는 주로 사람의 신체를 진단하고 치유하는 일을 하지만, 교사는 지적·정의적 성장을 진단·치유·성장시키는 일을 한다. 인간의 지적·정의적 능력인 머리와 가슴의 성장을 다루는 일을 하는 교직 또한 의술 못지않은 전문적인 능력을 필요로 한다. 이 말에 "아이들 가르치는 일이 무슨 전문적 능력을 필요로 한다고, 수학 문제 잘 풀고 영어 잘하니까 나도 충분히 할 수 있겠다!" 하고 비웃는 사람들도 있을 것이다.

물론 교사 못지않게 교과 지식에 대한 능력을 갖추고 있는 사람들은 얼마든지 있다. 교과 지식을 있는 그대로 학생들의 머릿속에 집어넣고, 교실에서 떠들고 장난치는 아이들을 제압하는 일은 누구든 할 수 있는 일이다.

교사는 30명이 넘는 아이들의 다양한 특성을 파악하여 이들을 모두 성장시킬 수 있는 교육 계획을 수립하는 교육과정 설계자, 1천 시간이 넘는 수많은 수업 속에서 학생들의 배움을 최대한으로 끌어내는 수업 디자이너, 학생들의 배움을 진단하고 고쳐 줄 수 있는 평가 설계자로서의 역량을 발휘하는 사람이다. 또한 이러한 교육과정과 수업, 평가를 운영하기 위하여 수시로 바뀌는 교육과정 문서, 교육이론 등을 정확히 이해하고 교실에 적용할 수 있어야 한다. 여기서 끝나는 것이 아니다. 아이들과 함께 생활하는 교실이라는 공간에서 일어나는 수많은 상황에 대한 생활지도 능력 등 다양한 분야에서 숙련도와 경험을 필요로 한다. 즉, 한 인간의 성장을 위한 일련의 모든 절차를 위하여 필요한 다방면의 전문성으로 인하여 교직을 전문직이라 할 수 있다.

리버맨(Liberman, 1958)은 교직을 전문직과 관련 지으면서 전문직의 조건을 다음과 같이 제시하고 있다.

- 전문직은 유일하고 독특한 종류의 사회 봉사의 기능을 갖는다.
- 전문직은 개인적·집단적으로 광범위한 자율권을 행사한다.
- 전문직은 자치 조직을 가지고 있다.
- 전문직에서 경제적 보상은 사회 봉사보다 우선되지 않는다.

• 전문직은 그 자체의 기능을 수행하는 데 준수해야 할 직업 윤리를
  가지고 있다.

    교직은 리버맨이 이야기한 전문직의 특성을 모두 갖추고 있다. 이뿐
아니라 4차 산업혁명 시대가 요구하는 인재상을 만들어 내기 위하여 교
사가 갖추어야 하는 능력은 과거에 비하여 더 광범위해지고, 전문성을
필요로 하고 있다. 이러한 전문직으로서의 교직을 수행하기 위하여 이
제 교사는 배움 디자이너가 되어야 한다.

미래 직업, 교사 60%가 사라진다

〈미래 직업〉이라는 프로그램에서 각 직업별로 미래 생존 가능성을 조사한 적이 있다. 이 프로그램은 앞으로 로봇과 AI라는 시스템이 우리 사회에 자리 잡아가면서 사라지게 될 직업을 조사였다. 이 조사에서 현재 교육 현장에 있는 교사 중 초등 교사 60.78%, 중·고등 교사 52.23%가 사라진다는 충격적인 결과가 나왔다.

(출처 : 한국고용정보원−기술 변화에 따른 일자리 영향 연구)

60%라는 결과가 나온 이유는 무엇일까? 그 이유를 3가지 측면에서 생각해 보았다.

첫째, 객관적인 이유로 학생 수 감소에서 생각해 볼 수 있다. 과거에 비해 학생 수가 현저히 줄어들면서 많은 농·어촌 지역에서 학교가 통폐합되고 있다. 최근 이러한 추세에 의하여 교사 TO 또한 현저히 줄고 있으며, 임용 적체도 심각한 문제가 되고 있다. 굳이 미래사회 환경뿐만 아니라 학령인구 때문에 60%라는 결과가 틀린 말이 아닐 수도 있다.

둘째, 이 조사를 한 사람들이 교사라는 직업 특성을 제대로 모르고 한 결과일 가능성이 크다. 교사라는 직업을 단순 교과 지식 전달자나 학생 관리자로 보고 이러한 일의 특성을 AI, 로봇의 특성과 비교하여 내린 통계 결과로 해석할 수 있다.

셋째, 아직도 많은 교실에서 이루어지고 있는 교과 내용 전달식 수업과 관련 지어 생각해 볼 수 있다. 교사가 학생의 실태와 요구를 반영한 맞춤형 교육과정을 설계하지 않고, 교과서 순서대로 내용 전달식 수업을 한다면 이 조사 결과가 현실로 다가올 수도 있다.

그럼 이 조사 결과가 잘못되었다는 평가가 나오게 하기 위하여 교사는 앞으로 어떻게 교육과정을 운영해야 할까?

미래 사회를 살아갈 학생들에게 필요한 핵심역량(자기관리 역량, 지식 정보처리 역량, 창의적 사고 역량, 심미적 감성 역량, 의사소통 역량, 공동체 역량)을 키워 줄 수 있는 교사가 되기 위해서는 더 이상 교과서 순서대로의 교육과정 운영과 교과 내용 전달자로서의 역할로는 불가능하다. 학생들의 특성과 실태를 정확히 볼 수 있는 눈과 이에 맞는 교육과정을 설계하고, 인간과 인간과의 콜라보레이션으로 만들어 낼 수 있는 역량을 키워 내는 수업을 할 수 있어야 한다. 이때 필요한 교사로서의 역량이 바로 교육과정을 제대로 이해할 수 있는 눈과 이를 수업에서 구현해 낼 수 있는 실천력이다. 이러한 눈과 실천력이 바로 교육과정 문해력이라 할 수 있다.

교사는 배움 디자이너이다

교사가 전문직인 이유는 여러 가지가 있지만, 가장 본질적인 이유는 '디자이너'의 성격을 갖고 있는 직업이기 때문이다. 좀 더 구체적으로 말하자면 '배움 디자이너'로 부를 수 있는 직업이다.

배움 디자이너라는 표현은 어떻게 보면 추상적이고, 교사라는 직업을 미화한 비유로 볼 수도 있지만, 학생들의 배움이 발현될 수 있도록 다른 디자인 직업군 못지않은 창의성이 필요한 직업의 특성에서 찾아볼 수 있다. 배움 디자이너로서의 역할을 할 수 있도록 충분한 수업권과 평가권, 교육과정 설계권이 보장되어 있기 때문이다.

건축가가 건물을 설계하듯 1년의 교육과정을 설계하는 교육과정 설계 디자이너로서의 역할, 성취기준에 효율적으로 도달시키기 위한 다양한 수업 재료들을 선별하고, 서로 시너지 효과를 발휘할 수 있도록 수업을 디자인하는 역할, 아이들의 배움을 진단하고 치유해 줄 수 있는 평가 설계자로서의 역할로 배움 디자이너라는 표현을 할 수 있다.

이처럼 배움 디자이너로서의 역량을 마음껏 발휘할 수 있는 직업적 특성이 있는 반면, 매뉴얼에 맞춰 똑같은 제품을 찍어 내듯 생산하는 자동화 공장이 되어 버릴 수 있는 특성도 갖고 있다. 교사용 지도서에 제시된 차시 내용 그대로 교육과정을 운영하고, 교과서에 제시된 활동 그대로 수업을 하며, 남이 만들어 놓은 평가 문항을 그대로 사용한다면 정해진 매뉴얼에 의하여 똑같은 제품을 생산해 내는 경우이다. 앞서 이야기한 미래에 사라질 직업 조사 결과 60%도 정해진 커리큘럼과 교과 내용 전달자로서의 역할로 교직의 특성을 봤을 때 나온 결과일 가능성이 높다. 즉, 배움 디자이너로서의 역할을 하는 교사가 많아질수록 60%라는 터무니없는 수치는 잘못된 조사 결과라는 것이 입증될 수 있을 것이다.

이 글을 읽는 교사 중 '내가 과연 배움 디자이너가 될 수 있을까?' 하고 생각하는 분도 있을 것이다. 다행인 것은 패션 디자이너, 그래픽 디자이너 등 다른 디자이너 직업군들은 어느 정도 타고난 재능이 있어야 가능한 경우가 많지만 배움 디자이너로서의 교사는 타고난 재능보다는 교사로서의 사명감과 노력으로도 충분하다. 이때 훌륭한 배움 디자이너가 되기 위하여 꼭 갖추어야 할 역량이 바로 교육과정 문해력이다.

교육 패러다임 격동의 시대에 선 교사

교사별 교육과정, 이해 중심, 역량 기반 교육과정, 교사별 과정중심평
가, 온작품읽기, SW교육, 교육과정-수업-평가-기록 일체화…….

요즘 교육 현장에 있는 교사들은 말 그대로 교육 용어 홍수 시대에 살
고 있다. 필자가 처음 교직에 발령받았던 2000년대 초반만 해도 지금처
럼 새로운 용어나 정책이 쏟아지지는 않았다. 그런데 최근 왜 이렇게 많
은 교육 관련 정책과 용어들이 쏟아져 나오고 있을까?

큰 줄기에서 보면 변화하는 우리 사회와 관련 지어서 생각해 볼 수 있
다. 학교가 처음 등장한 시기는 1차 산업혁명 시대였다. 이때 사회는 대
량생산 체제의 공장을 관리·유지하기 위한 매뉴얼을 이해하고 수행할
수 있는 인재를 필요로 했다. 이때의 인재는 의사결정력이나 창의력보
다는 체계화된 지식을 머릿속에 잘 저장해 두고 그대로 재생해 내는 능
력을 더 필요로 했다. 따라서 학교에서도 이러한 사회가 필요로 하는 인

재를 길러 내기 위해 많은 지식을 머릿속에 갖춘 인재를 길러 내는 데 초점을 맞추었다.

그러나 4차 산업혁명 시대는 더 이상 매뉴얼적 지식만을 갖춘 인재를 필요로 하지 않는다. 이러한 시대상을 반영하여 2015 개정 교육과정에서도 처음으로 '역량'이라는 것을 교육과정에 반영하고 있다. 이뿐 아니라 혁신교육의 물결에 따라 각 시·도 교육청별로 교육과정, 수업, 평가와 관련된 수많은 정책과 용어들을 만들어 내고 있다.

새로운 교육정책과 용어들이 수없이 생겨나는 이유는 우리 교육이 구성주의 철학 및 역량 기반 교육이라는 새로운 교육 패러다임에 맞추어 변화하는 과도기 단계에 있기 때문이다. 따라서 새롭게 등장하는 수많은 교육정책과 관련 용어들도 시대가 요구하는 역량을 갖춘 학생들을 키워 내기 위한 교육과정, 수업, 평가 등 각 분야의 변화로 해석할 수 있다.

이러한 교육 패러다임 과도기의 시대에서는 수없이 바뀌는 교육정책이나 관련 용어 하나하나를 무조건 쫓아가는 것은 바른 방향이 아니다. 변화하는 교육과정을 바르게 해석할 수 있는 능력과 이를 바탕으로 시대가 요구하는 역량과 관련된 교육과정과 수업, 평가에 대한 실천 능력만 갖추면 정책과 용어 하나하나에 연연할 필요가 없다.

프로 교사와 아마추어 교사

누구든지 자신의 직업에서 '프로'가 되고 싶을 것이다. 그렇다면 '프로'라는 단어를 붙일 수 있는 교사의 모습은 어떤 것일까? '프로'라는 단어를 붙이기 위해서는 교육과정 문해력이 필수이다. 하지만 이것만 가지고는 부족하다. 학생들을 위하여 교육과정을 재구성하고, 다양한 수업 재료를 활용하여 배움이 일어나는 수업을 하고, 학생의 성장과 발달을 위하여 과정중심평가를 해야 한다는 것은 모든 교사들이 공감하는 바이다. 또한 많은 연수에서 배움중심수업 디자인, 과정중심평가 설계 등을 다루고 있기 때문에, 이러한 역량을 갖춘 교사들도 늘고 있는 추세이다. 굳이 연수가 아니더라도 조금만 노력한다면 충분히 교육과정 문해력을 갖출 수 있다.

가장 중요한 것은 이러한 것들을 실제 실천으로 옮기는 데 정말 많은 시간과 노력, 의지가 필요하다는 점이다. 굳이 힘들게 교육과정을 재구성하고, 열심히 수업 자료를 준비하지 않아도 교과서에 나와 있는 활동 자료나 '아이○○○'과 같은 인터넷 사이트를 활용해도 교사라는 직업을 유지하는 데 큰 문제가 없기 때문이다. 아무리 교육과정 문해력이 높고, 수업을 잘할 수 있는 능력이 있어도 이를 실천으로 옮기지 않는다면 교사가 갖고 있는 능력은 우리 학생들에게는 아무 쓸모 없는 능력이 되어 버린다.

하지만 내가 맡고 있는 아이들을 정말 사랑하고, 이 아이들에게 교사로서 줄 수 있는 가장 큰 선물인 '배움'을 주고 싶은 교사라면 아이들에게 꼭 필요한 수업을 준비할 것이고, 이를 위해서 교육과정을 새롭게 설계하면서 교육과정 문해력을 키워 갈 것이다.

예전에 가수들이 가창력으로 서로 대결을 펼치는 〈나는 가수다〉라는 TV 프로그램이 크게 히트를 친 적이 있었다. 방송에 나온 가수들이 자신의 직업을 진정 사랑하고, 가수의 본질인 가창력으로 사람들을 감동시키는 모습을 보면서 "저게 바로 프로구나! 나도 교사라는 내 직업의 본질인 교육으로 우리 아이들을 감동시킬 수 있을까?" 하고 가슴속에서 뭉클한 감정을 느꼈던 적이 있었다. 그리고 아이들에게 진정한 배움을 주는 교사가 되기 위해 다양한 연구와 실천을 했었던 기억이 떠오른다.

'프로'라는 단어는 교육과정 문해력이라는 지적 요소뿐만 아니라, 학생들에게 배움과 성장을 주기 위하여 몸으로 움직일 수 있는 소명의식도 함께 갖고 있는 교사에게 붙일 수 있는 단어이다.

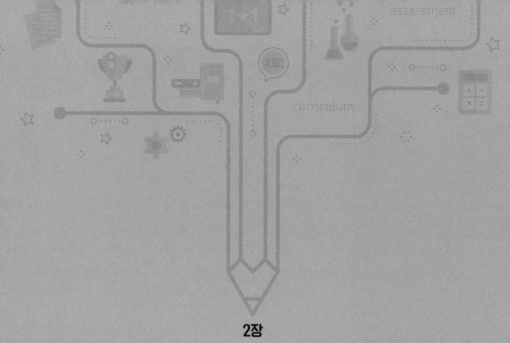

2장

교육과정 문해력이란
무엇인가

'교육과정'을 읽고 쓸 수 있는 교사

교육과정 문해력은 '교육과정'과 '문해력(文解力)'의 2가지 단어로 구성되어 있다. 각 단어의 뜻을 살펴보면, 우선 교육과정은 통상적으로 현행 교육과정 체제의 국가 수준 교육과정 문서를 지칭한다. 다음으로 문해력은 '글을 읽고 이해하는 능력'이라 정의되어 있다. 두 단어의 뜻을 조합해 보면 '현행 국가 수준 교육과정 문서를 이해하는 능력'이라 해석할 수 있다. 즉, 교육과정 문해력의 숨은 의미를 알지 못하고 문자 그대로 해석하면 교육과정을 읽고 이해하는 능력이라 쉽게 생각할 수 있다. 이러한 문해력의 의미 때문에 교사들은 교육과정 문해력이라는 표현에 기분 나쁘다는 반응을 많이 보인다. 치열한 임용고시 경쟁률을 뚫고 교직에 들어선 교사 중 누가 교육과정을 읽고 이해하는 능력이 없단 말인가?

하지만 교육과정 문해력에는 위와 같은 표면적 의미가 아닌 다음과 같은 의미가 숨어 있다. 교육과정 문해력이라는 개념을 처음 사용한 정광순은 교육과정 문해력을 "교사가 국가 수준 교육과정에 대한 자율권을 행사하기 위해 갖추어야 할 능력"으로 정의하였다〈경기도교육청(2017: 정광순, 2012에서 재인용)〉. 정광순의 정의에서 '자율권'이라는 단어에 주목할 필요가 있다. 자율권은 교육과정 관련 문서와 자료에서 요구하는 것들 중 교육과정 운영에 꼭 지켜야 할 것과 참고해야 할 것들을 구별하고, 꼭 지켜야 할 것의 범위 안에서 자율적으로 교육과정을 운영할 수 있는 교사의 권한이 인정되는 범위라 할 수 있다.

자율권 영역
교과서와 지도서 수업 반영 여부,
교과별 20% 시수 증감 등

자율권 밖의 영역
시수 운영 규정, 수업 일수,
7대 안전,
성취기준 이수 등

[표 2-1] 교사의 교육과정 운영 자율권 영역

예를 들어 A교사가 국어 교과를 재구성하여 국어 시수를 40시간 늘려 교육과정을 운영하는 것은 총론의 시수 규정에 위반되어 자율권 밖의 영역에 해당된다. 반대로 B교사가 성취기준 도달을 위하여 교과서 차시를 새롭게 구성하려는 시도는 교과서의 지위가 교육과정 문서가 아닌 자료에 해당하기 때문에 자율권 내에서 인정될 수 있다.

이와 같이 교사의 자율권이 보장되는 범위 안에서 교육과정을 자율적으로 운영하는 데 필요한 능력이 바로 교육과정 문해력이라 볼 수 있다.

교육과정 문해력에 대한 다른 정의로 김세영은 "주어진 교육과정을 해석하여 기준에 부합하는 수업을 설계하여 실행하고 평가하는 교육과정 상용 능력"이라고 말하고 있다〈경기도교육청(2017: 김세영, 2014에서 재인용)〉. 경기도교육청은 "성취기준을 중심으로 교육과정 문서를 읽고 해석하여, 교육과정 재구성과 배움중심수업, 성장(과정)중심평가를 실행하는 교육과정 상용 능력"이라 정의하고, "교육과정-수업-평가-기록의 일체화를 위하여 교사들이 꼭 갖추어야 할 능력"이라 규정하고 있다(2017).

교육과정 문해력에 대해 각기 다른 표현을 사용하고 있지만 공통되는 요소는 내가 가르치는 학생들에게 적용되는 교육과정 문서를 바르게 해석하여 교사에게 주어진 권한 내에서 자율적으로 교육과정을 설계하고, 수업과 평가를 할 수 있는 능력이라 볼 수 있다.

즉, 교육과정 문해력은 교육과정을 바르게 해석하여 교육과정, 수업, 평가에 활용할 수 있는 실천력까지 포함하는 의미인 것이다.

교육과정 문해력, 文解와 活用의 콜라보레이션

교육과정 문해력에 대한 현장의 실태

필자가 주로 연수를 진행하는 주제인 과정중심평가와 교육과정-수업-평가-기록 일체화 연수에서 교육과정 문해력에 대해서도 항상 함께 다루었다. 그런데 교사들을 만나 교육과정 문해력에 대해 이야기하면 다음과 같은 반응을 보이는 교사들이 꽤 많았다.

"교육과정을 바르게 해석해야 하는 것은 예전부터 교사에게 요구되어 왔던 것 아닌가요? 더군다나 교육과정 재구성과 배움중심수업, 과정중심평가를 실행하는 교육과정 상용 능력은 교사들에게 기본적으로 요구되었던 교육과정 설계, 수업 디자인, 평가할 수 있는 능력인데, 이름만 문해력이라는 자극적인 표현을 붙인 것 아닌가요?"

이러한 반응이 나오는 이유는 많은 교사들이 교육과정 문해력이 실제 교육과정과 수업, 평가에서 어떻게 발현되는지 정확하게 알지 못하기 때문이다. 실제 교육과정 문해력을 '교육과정'과 '문해력'이라는 두 단어의 사전적 의미로 조합해 생각하는 경우가 많았고, 정광순의 정의나 해당 시·도 교육청에서 보급한 교육과정 문해력 장학자료에 제시된 정의만 갖고 포괄적·개괄적으로 이해하는 경우가 많았다. 즉, 교육과정 문해력이라는 개념이 우리 교육 현장에 많이 퍼져 있는 상태이기는 하지만 정확한 정의에 대해서는 아직 많은 교사들이 알고 있지 못한 것이 교육과정 문해력에 대한 현장의 실태이다.

교육과정 문해력, 파헤쳐 보기

교육과정 문해력에 대한 바른 이해를 돕기 위해서는 교육과정 문해력에 대한 좀 더 구체적인 분석이 필요하다. 교육과정 문해력은 교육과정 문서에 제시된 각종 문구들을 교육학적 배경지식을 바탕으로 교육과정과 수업, 평가 상황에 활용할 수 있는 교육과정 상황에 따른 맥락적 이해를 의미하는 것이다. 즉, 교육과정 문서 작성자가 진술한 의도를 간파할 수 있는 능력을 의미한다. 여기까지가 문해력(文解力)이라는 어휘의 뜻과 맞아떨어지는, 말 그대로 '교육과정 문서를 해석할 수 있는 능력'에 해당하는 개념이다. 실제 경기도교육청에서 발간한 교육과정 문해력 장학자료에는 상용을 위한 준비 과정인 교육과정 문서를 읽고 해석하는 단계까지가 좁은 의미에서의 교육과정에 대한 문해력이라 제시되어 있다(2017).

하지만 교육과정 문해력의 개념은 앞에서 살펴본 바와 같이 교육과정을 해석하는 능력뿐만이 아닌 교육과정 재구성과 수업, 평가를 실행하는 교육과정 활용 능력까지도 포함하고 있다.

교육과정 문해력
= 교육과정 문서 해석 능력 + 교육과정 활용 능력
(교육과정 재구성, 수업 디자인, 평가 활용 능력)

위 정의에 의하면 교육과정 문해력의 범위는 상당히 넓은 영역까지 포함된다. 말 그대로 교육과정을 해석하는 것을 넘어서 이를 바탕으로 교육과정 설계부터 수업, 평가, 기록까지 교육과정 시수 안에서 이루어지는 모든 교육활동이 포괄된 개념이라고까지 볼 수 있다.

이와 같이 해석 능력만이 아닌 활용 능력까지 포괄된 관점에서 봤을 때 교육과정 문해력이라는 단어는 정확히 맞아떨어지는 표현은 아니다. 앞에서 언급한 교육과정 문서 해석 능력까지가 문해력이라는 단어와 일치하고, 해석한 것을 바탕으로 교육과정, 수업, 평가에 상용하는 능력은 '文解'라는 단어보다는 '活用'이라는 단어가 더 적합하다.

따라서 현재 교육 현장에서 일반적으로 통용되고 있는 교육과정 문해력의 개념을 조금 더 자세히 들여다보면, 교육과정 文解 + 活用의 2가지 의미로 통용됨을 알 수 있다.

文解와 活用의 콜라보레이션으로 만들어지는 교육과정 문해력

2015 개정 교육과정부터 '성취기준'이라는 것이 교육과정 문서에 포함되기 시작하였다. 이 성취기준 때문에 교육과정 문해력의 요소 중 文解와 活用을 이분법적으로 따로 생각할 수 없게 되었다. 성취기준은 교육과정과 수업, 평가 모두에 활용되는 성격을 갖고 있기 때문에, 실제 상용 단계인 活用의 영역에서도 文解가 요소요소에 내재되어 活用으로 이어지는 구조로 되어 있다.

  예를 들어 교육과정 재구성에서도 과거처럼 단순하게 교과서와 수업 내용을 바꾸는 것이 아니라, 교육과정 문서인 성취기준을 근거로 차시 내용을 새롭게 구성하는 것이 교육과정을 이수할 수 있는 교육과정 재구성이다. 따라서 교육과정을 재구성하는 活用 영역에서도 교육과정 문서인 성취기준에 대한 文解가 우선시되어야 한다. 수업에서도 단순하게 차시 내용을 새롭게 선정·조직하는 것이 아니라, 성취기준을 바르게 해석하는 文解를 바탕으로 성취기준에 맞는 수업을 디자인하는 活用이 이루어진다. 평가에서도 교과 성취기준 도달도를 확인하는 活用의 과정에서도 교육과정 문서인 성취기준의 文解가 우선시되어야 한다.

  이와 같이 성취기준을 기반으로 교육과정을 재구성하고, 수업을 디자인하며, 평가하는 活用 과정에서는 교육과정 문서인 성취기준에 대한 文解가 필수적으로 동반된다. 즉, 피상적으로 보면 교육과정 문해력은 교육과정에 대한 文解와 活用의 두 영역으로 나뉘어 있지만, 活用의 영역에서도 文解는 항상 동반된다. 이는 교육과정과 수업, 평가를 운영

하는 실천 단계에서도 교육과정 문해력이 꼭 동반되어야 한다는 논리로
이어질 수 있다.

교육과정 문해력 = 교육과정 文解 + 活用

교사, Delivery에서 Designer가 되다

수업은 의외로 복잡한 생산 단계를 거쳐 교실이라는 공간에서 구현된다. 우선 가장 먼저 교육과정 총론 개발자들이 교육과정에서 추구하는 인간상과 교육과정의 학문적 배경 및 주요 가치 등을 선정한다. 이때는 주로 교육과정 분야 전문가들이 교육과정의 전체 틀을 잡는다. 다음으로 교과 각론 개발자들이 총론에서 강조하는 가치와 틀이 구현될 수 있게 각 교과 각론을 만든다. 이 과정에서는 각 교과 전공 교수들이 주도적으로 참여한다. 이렇게 만들어진 각 교과 각론에 의하여 교과서와 교사용 지도서가 만들어지고, 이 단계에서부터 비로소 교사가 참여하게 된다. 물론 최종 책임자인 교과 교수들의 철저한 지도하에. 마지막 최종 단계에서 교과서와 교사용 지도서에 의하여 수업이 이루어지는 것이 교실에서 수업이 구현되기까지의 생산 과정이다. 이 과정을 시각화하면 다음과 같다.

이 과정은 교실에서 이루어지는 수업의 주체인 교사와 학생과는 관계 없는 다른 누군가에 의하여 제작된 수업 매뉴얼을 그대로 학생들에게 전달하는 시스템이다. 이 시스템에서 교사는 교과서 개발자들이 만들어 놓은 수업 매뉴얼과 자신이나 학생들과 아무 관련 없는 누군가에 의하여 정해지고 만들어진 내용을 그대로 전달하는 Delivery(전달자)로서의 역할에 한정될 수밖에 없다. 이 과정에서 교육과정을 해석하고, 교육과 정을 반영한 수업을 하기 위해 수업을 다시 설계하는 교육과정 설계자 로서의 역할은 어찌 보면 필요 없는 일일 수도 있다.

그럼 위 이미지에서 교사용 지도서와 교과서를 지워 보자. 교과서를 지워 보면 다음과 같은 이미지가 만들어진다.

교육과정 문해력의 개념은 앞에 제시된 이미지에서 쉽게 연상해 볼 수 있다. 교과서가 없어진 상태에서 교육과정을 바로 수업으로 구현하기 위해서는 교사가 교육과정을 해석할 수 있어야 한다. 이때 수업에 반영해야 할 교육과정의 여러 요소를 찾고, 해석하는 능력이 바로 교육과정 문해력의 핵심이다.

　하지만 교과서를 뺀 이미지에서 교육과정 해석만으로 교육과정을 수업에 구현할 수는 없다. 교육과정을 수업에 구현하기 위해서는 한 차시의 수업만이 아닌 수업들의 설계도인 교육과정을 설계할 수 있어야 한다. 흔히 교과서에 의존한 수업은 수업의 설계도인 교육과정을 생각할 필요가 없다. 교과서 맨 앞에 나와 있는 교과서의 차례가 결국 수업의 설계도인 교육과정이기 때문이다.

　이뿐 아니라 교육과정 프로그램을 활용하면 교과서의 내용을 차시 단위로 언제 어떤 내용으로 수업을 해야 하는지 수업 설계도가 자동으로 생성된다. 만약 교과서가 없다면, 즉 교과서를 뺀 이미지에서 교육과정을 바로 수업으로 구현하기 위해서는 수업의 설계도인 교육과정 설계가 필요하다. 수업의 설계도인 교육과정이 설계되어야 하나하나의 수업이 계획적으로 이루어질 수 있기 때문이다.

[표 2-2] 교과서를 뺀 교육과정 설계 과정

지금까지의 단계에서 필요한 능력은 국가 수준 교육과정에 대한 해석 능력과 수업 설계인 교육과정 설계 능력, 교과서 없이 수업을 구성할 수 있는 수업 디자인 능력이다. 하지만 현행 교육과정의 핵심을 제대로 구현하기 위해서는 여기서 끝나는 것이 아니다.

현행 교육과정은 과정을 중시하는 평가를 강조한다고 총론에 제시되어 있다. 과정중심평가의 가치를 구현하기 위해서는 교육과정 설계 단계에서 학생의 성취기준 도달을 평가하기 위한, 수업과 연계된 평가까지도 고려해야 한다. 즉, 교과서가 없어진 상태에서 교실에서 수업이 구현되기까지 교육과정 해석 능력, 교육과정 설계, 수업 디자인, 평가 설계 능력을 필요로 한다. 경기도교육청의 교육과정 문해력의 정의와 같이 교육과정 문서를 읽고 해석하여, 교육과정 재구성과 수업, 평가를 실행하는 교육과정 상용 능력 모두를 교육과정 문해력의 개념에 포함할 수 있다(2017).

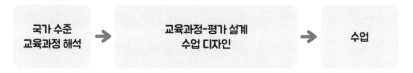

[표 2-3] 교육과정-수업-평가 Designer로서의 교사의 역할

[표 2-3]을 보면 단순 교과서 Delivery의 역할로 한정되었던 교사의 역할이 교육과정 해석과 이에 의한 교육과정-평가 설계, 수업 디자이너로서의 역할로 바뀐 것을 확인할 수 있다. 즉, 교육과정 문해력은 교사를 교과서 Delivery에서 교육과정-수업-평가 Designer로 바꾸는 데 꼭 필요한 능력이라 할 수 있다.

학습목표라는 유리천장 깨기

배움 목표, 공부할 문제……. 모두 학습목표와 관련된 용어들이다. 학습목표는 지금까지 수업을 하는 수업자, 수업을 보는 관찰자 모두에게 신성시되는 지위를 갖고 있었다. 흔히 공개 수업을 하고 수업 협의를 할 때도 각 활동들이 학습목표와 어떠한 관련이 있는지, 학습목표 도달이 제대로 이루어진 수업인지의 여부가 수업을 보는 가장 중요한 관점이었다. 공개 수업을 앞둔 교사가 수업 지도안을 작성할 때도 가장 먼저 하는 것이 교사용 지도서에 제시되어 있는 학습목표를 확인하는 것이다.

그런데 교사용 지도서에 제시되어 있는 학습목표가 과연 이러한 지위를 누릴 자격이 있을까? 이에 대해 논하기 위해서 학습목표의 탄생 배경을 따져 볼 필요가 있다.

교육과정 각론에는 각 교과 목표와 교과 핵심역량이 있다. 이에 도달시키기 위하여 각 교과마다 교육과정 성취기준을 제시해 두었다. 즉 교육과정 성취기준은 교과 각론 문서에 제시되어 있는, 교사가 수업에서 꼭 구현해야 할 것들이다. 교육과정 성취기준에 도달시키기 위하여 교과서 개발자들이 만들어 놓은 것이 바로 학습목표이다.

교과서 개발자들은 성취기준 관련 내용을 선정하여 여러 차시로 단원을 구성한다. 이렇게 선정된 각 차시들이 교사용 지도서에 제시된 학습목표가 되는 것이다. 즉, 교사용 지도서에 제시된 학습목표는 성취기준에 도달시키기 위한 교과서 개발팀 교수와 몇몇 교사의 관점에 의하여 만들어진 수많은 성취기준 도달 코스 중 한 가지 코스로 볼 수 있다. 이러한 관점에서 성취기준과 교사용 지도서의 학습목표를 상호 연계 관점에서 분석하면 성취기준에 도달시키는 데 굳이 필요가 없는 학습목표도 꽤 많이 존재함을 확인할 수 있을 것이다.

이러한 학습목표의 태생적 배경 때문에 모든 학습목표가 신성시되거나 수업에서 꼭 도달시켜야 할 가치를 지닌 것은 아니다. 이때 필요한 것이 바로 교육과정 문해력이다. 교과서의 모든 내용이 수업에서 꼭 다루어져야 할 교육과정 문서를 반영하는 것이 아님을 알 수 있어야 한다. 이와 반대로 성취기준은 교육과정 각론에 포함된 수업에서 꼭 다루어야 할 교육과정 문서임을 알 수 있어야 한다. 이러한 것들을 구별할 수 있는 능력도 교육과정 문해력의 요소 중 하나이다. 또한 성취기준과 교사용 지도서에 제시된 학습목표들의 연관성을 분석하는 것도 교육과정 문해력에 포함되는 요소로 볼 수 있다. '이 학습목표가 성취기준에 도달시키는 데 꼭 필요한가?'라는 질문에서 교육과정 문해력은 시작되고, 신성시되었던 교과서와 학습목표는 본래의 자기 위치를 찾아갈 것이다.

결국 지금까지 우리의 수업은 교과서 개발자들이 정해 놓은 학습목표라는 유리천장 안에서 벗어날 수 없었다. 따지고 보면 과거의 수업을 잘한다고 평가받았던 교사나 좋은 수업에 대한 기준도 결국은 학습목표라는 틀 안에서 교과서 개발자들이 만들어 놓은 수업 내용을 얼마나 잘 전달하느냐였던 것이다.

학습목표인 유리천장

교과서 개발자가 만들어 놓은 수업 내용

교과서 개발자가 정해 놓은 학습목표를
얼마나 잘 전달하느냐가 과거 수업 잘하는 교사의 기준이었음.

학습목표라는 한계에서 벗어날 때 교사의 수업 자율권은 훨씬 넓어질 수 있다. 결국 교육과정 문해력 수준은 학습목표라는 유리천장을 깨는 망치라 할 수 있다. 교육과정 문해력이 높아질수록 학습목표를 깰 수 있는 망치의 예리함과 힘은 세질 것이다.

치명적인 평가 문해력

교육과정 문해력을 이야기할 때 흔히 교육과정과 수업에만 한정 지어 생각하는 경우가 일반적이다. 하지만 교육과정을 설계할 때는 교육목표를 정하고 이와 관련된 수업 내용을 선정·조직하며, 성취기준 도달도를 확인할 수 있는 평가까지 고려해야 한다. 아무리 교육과정과 수업을 잘 설계했어도 평가가 제대로 설계되지 못했다면, 학생들의 성취기준 도달도를 확인할 수 없는 단순 가르침만을 위한 설계가 되어 버릴 우려가 있기 때문이다. 교육과정 문해력을 논할 때 평가를 빠뜨리고는 이야기할 수 없다.

그런데 평가에 대한 교육과정 문해력은 수업과 교육과정에 비하여 교사 간 편차가 유독 심하게 드러나는 분야이다. 대부분의 교사들이 교과서 차례에 따라 수업을 하고, 여기에 일부 성취기준을 활용하여 교육과정을 재구성해도 교육과정에서 추구하는 가치에서 크게 벗어나는 경우가 없기 때문이다.

하지만 평가의 경우 교사의 평가 문해력 수준에 따라 평가 운영부터 방법까지 편차가 심하게 나타난다. 교사의 평가 문해력 수준에 따라 평가의 문서라 할 수 있는 학교생활기록부 훈령과 각 시·도 교육청의 학업성적관리 시행지침을 해석하는 수준이 제각각이기 때문에 어떤 학교는 교사별 상시평가를 운영하고, 어떤 학교는 일제식 정기고사 시스템을 유지하고 있다.

평가 운영 방식뿐만이 아니라, 성취기준 도달도를 확인하기 위한 평가 요소 및 평가 도구에 대한 해석 수준에 따라 성취기준 도달도를 전혀 확인할 수 없는 평가 도구로 평가가 이루어지는 교실도 많다.

실제 예로 "[4수03-14] 여러 가지 방법으로 삼각형과 사각형의 내각의 크기의 합을 추론하고, 자신의 추론 과정을 설명할 수 있다."의 성취기준을 다음 문제로 평가한 경우를 생각해 보자.

1. 삼각형에서 ㉠은 몇 도입니까?

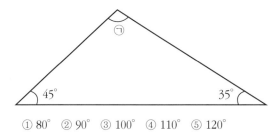

① 80° ② 90° ③ 100° ④ 110° ⑤ 120°

(출처 : 교육과정-수업-평가를 일체화하는 과정중심평가, 즐거운학교)

위 문제를 분석해 보면 포인트는 2가지이다. 첫째, 삼각형 내각의 합은 180도라는 명제적 지식을 학생이 암기하고 있어야 풀 수 있는 문제이다. 둘째, 180-45-35=100이라는 세 자리 수 빼기 두 자리 수를 할 수 있으면 해결되는 문제이다. 결국 이 문제는 삼각형의 내각의 합은 180도라는 수학 명제 암기와 세 자리 수 빼기 두 자리 수 계산 능력을 알아보는 문제이다.

평가는 왜 하는가? 성취기준 도달도를 확인하고 피드백하기 위해 하는 것이 평가의 가장 큰 목적이다. 그런데 이 문제는 성취기준에 제시된 내각의 합을 추론하고 설명하는 기능은 평가할 수 없는, 즉 성취기준 도달도를 확인할 수 없는 평가 문항이다. 교육과정 문해력의 관점에서 봤을 때 이 문항을 쓴 교사는 안타깝게도 평가 측면의 교육과정 문해력이 낮다고 할 수밖에 없다.

이와 같이 평가 측면의 교육과정 문해력이 낮은 경우 가르치는 것에서는 문제가 없겠지만, 학생들에게 제대로 배움이 일어나고 있는지 확인하는 과정에서 문제가 생길 수 있다.

평가 문항 같은 지엽적인 부분뿐만이 아니라 평가 운영 측면에서도 교육과정 문해력은 중요하다. 교육과정 총론 문서에서 "과정을 중시하는 평가를 강조한다"는 표현을 썼는데, 과정을 중시하는 평가인 과정중심평가를 정확히 이해하고, 이를 실제 교육과정에서 구현해 내기 위해서 어떻게 평가 계획을 수립하고 운영해야 하는지 알고 실천하는 것은 쉬운 일이 아니다.

교육과정과 수업 측면에서 보는 교육과정 문해력은 교사 간 편차가 그리 크지 않다. 또한 교과서와 교사용 지도서라는 안전 장치가 있기 때문에 교육과정 문해력 수준이 높지 않아도 기본은 하게끔 되어 있다.

하지만 평가 측면의 교육과정 문해력은 교사 간 편차가 상당히 크게 나타나며, 문해력 수준이 낮은 경우 성취기준 도달도를 확인할 수 없는 잘못된 교육과정 운영이 되어 버린다. 더 심각한 것은 교사의 자율권 영역 밖인 교육부 훈령과 시·도 교육청 학업성적관리 시행지침을 잘못 이해하는, 평가 문서에 대한 교육과정 문해력이 낮은 경우이다. 평가 문서를 제대로 해석하지 못하여 훈령과 지침에 맞는 평가를 운영하지 못할 경우 감사 적발 대상이 될 수도 있다.

평가 측면의 교육과정 문해력은 앞으로 그 중요성이 더욱 커지고 있다. 2015 개정 교육과정과 연관이 깊은 이해중심 교육과정의 백워드(Backward) 설계는 교육과정 설계 단계부터 성취기준 도달도 확인을 위한 수행과제를 먼저 선정하고 수업 내용을 선정·조직한다. 결국 평가에 대한 교육과정 문해력이 교육과정 설계에도 영향을 미치는 것이다. 또한 앞으로의 평가 패러다임인 발달적 평가관에 의한 과정중심평가 정책은 수업과 평가를 함께 생각하는 '평가가 곧 수업'이 될 수 있기 때문에 평가 측면의 교육과정 문해력이 수업에도 영향을 미치게 된다.

이상의 내용들을 종합해 보았을 때 그동안 교육과정 문해력의 영역에서 간과되었던 평가 측면의 교육과정 문해력이 왜 중요한지 알 수 있을 것이다. 이러한 중요성 때문에 평가 측면의 교육과정 문해력을 '치명적'이라는 표현을 써 보았다.

따라서 이제 교육과정 문해력을 논할 때는 평가 측면의 교육과정 문해력도 함께 생각해야 한다. 역량 기반 교육과정에서는 역량을 확인하기 위한 수행과제를 포함한 평가 설계가 교육과정과 수업의 큰 부분을 차지하는 요소이기 때문이다.

평가 측면의 교육과정 문해력은 영역도 다양하다. 평가 분야의 문서라할 수 있는 교육부 학교생활기록부 훈령과 각 시·도의 학업성적관리 시행지침 문서를 해석할 수 있고, 이를 반영한 각 학교의 학업성적관리 규정을 수립할 수 있어야 한다. 또한 교육과정 성취기준 도달도를 확인하기 위한 평가 계획을 수립할 수 있어야 하며, 성취기준에서 평가 요소를 확인하고, 이를 평가하기 위한 최적의 평가 도구를 활용할 수 있는 눈도 갖추어야 한다. 과정중심평가를 위해서는 수행과제와 피드백을 수업에 반영해 내는, 평가를 연계한 수업 설계 능력도 필요하다.

평가 관련 문서	평가 운영	평가 설계
• 교육과정 총론 中 평가 • 교육부 훈령 • 시·도 학업성적관리 시행지침 • 학교 학업성적관리 규정	• 총론과 훈령, 시·도 지침을 반영한 평가 계획 수립 절차의 이해	• 성취기준의 평가 요소 추출 • 성취기준에 따른 평가 방법 선정 능력 • 피드백과 수행과제를 고려한 수업과 평가의 연계

[표 2-4] 평가 측면의 교육과정 문해력 영역

교사별 교육과정

교사별 교육과정은 교사 개인 및 학습공동체가 주체가 되어 교육과정 문서 및 성취기준 해석을 바탕으로 교육과정 재구성, 배움중심수업 디자인과 과정중심평가가 종합적으로 설계되고 실행되는 것을 의미한다. 교과서 차례대로의 교육과정 운영, 교과서 내용 전달 위주의 수업과 이를 확인하는 평가는 교사별 교육과정 운영이라 볼 수 없다.

교사별 교육과정은 다음과 같은 조건을 갖추어야 한다.

첫째, 학교 학습공동체 단위로 학생 특성에 맞는 주제를 공동으로 선정하고, 이를 위한 주제 중심 교육과정을 운영할 수 있어야 한다. 그리고 성취기준에 대한 교사별 해석을 바탕으로 성취기준 중심으로 교과 내 교육과정 재구성이 이루어져야 한다. 이때 큰 틀에서 학교 단위로 특성화된 교육과정이 수립되며, 세부적으로는 교사별 개별화된 교육과정이 운영될 수 있다.

둘째, 학교별·교사별로 특성화·개별화된 교육과정을 바탕으로 학생들의 삶과 연계된 소재, 학생 특성에 맞는 수업 방법 활용으로 수업이 디자인되고 운영되어야 한다. 이때 학생들의 다양한 특성에 맞는 수업이 이루어질 수 있다. 그러나 현실적으로 모든 성취기준을 학생들의 삶과 연계된 소재로 구성하는 것은 쉽지 않다. 이때 교과서 차시 주제들과 성취기준과의 연계성을 분석하여 성취기준 도달과 배움이라는 목표에 교과서 내용이 효과적으로 활용될 수 있다면 이를 수업에 적절히 활용할 수 있는 교육과정 문해력이 발휘되어야 한다.

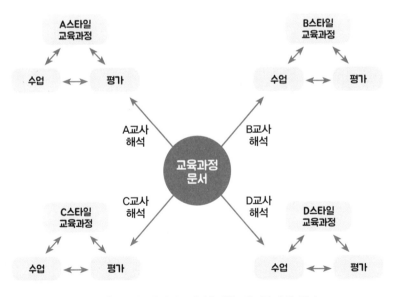

[표 2-5] 교사별 교육과정 문해력에 의한 교육과정-수업-평가

셋째, 교사별 교육과정은 교사별 평가가 필수이다. 교사별 평가는 교사 자신의 수업 장면과 연계된 평가가 이루어지는 것을 의미한다. 교사별 평가는 과목 분배식 문항 출제나 일제식 정기고사와 반대되는 개념이다. 교사별 평가가 이루어지기 위해서는 수업 시간에 배움을 탐구하는 활동 장면이 그대로 배움을 확인하는 평가 장면이 될 수 있도록 교육과정을 수립해야 한다. 이와 같은 경우 교사별 평가가 자연스럽게 교사별 교육과정 수립으로 연결될 수 있다.

교사별 교육과정은 결국 지역별·학교별 학생의 특성과 교사의 교육과정 문해력을 발판으로 이루어지는 것이다. 또한 교사별 교육과정의 결과물은 교육과정-수업-평가-기록이 일체화되는 것이다. 지역별·학교별 학생의 특성을 반영한 교육과정을 재구성하고, 배움중심수업을 설계하며, 과정 중심의 교사별 평가가 이루어지면 교육과정과 수업, 평가, 기록은 성취기준 그리고 학생 중심으로 일체화될 수 있다.

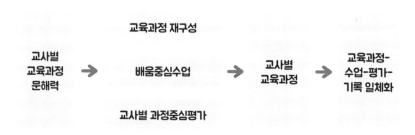

[표 2-6] 교사별 교육과정 문해력에 의한 교육과정-수업-평가-기록 일체화

교과서 개발팀 vs. 학습(수업)공동체

요즘 대부분의 학교에서 전문적 교사 학습공동체를 운영하고 있다. 전문적 교사 학습공동체의 존재의 이유는 무엇일까? 학교별로 개별화·특성화된 교육과정을 위해서이다. 넓은 의미로 보면 교사별 교육과정을 위해서라고도 볼 수 있다. 전문적 교사 학습공동체에서 우리 학교 학생들에게 최적의 배움을 줄 수 있는 공동의 주제를 정하고, 이를 반영한 주제 중심 교육과정을 운영하고, 동 학년·동 교과별로 수업과 평가 실천 노하우를 공유하면서 공동 수업안을 개발하고 교사별 평가를 실천하는 데 목적이 있다.

이렇게 만들어진 학습공동체의 수업 사례들과 교과서별 각 차시 활동들을 비교해 볼 필요가 있다. 과연 학생들의 배움을 위해서 어떤 것이 더 우수한 자료일까? 교과서는 말 그대로 교과서이다. 전국의 수많은 지역과 학생들이 모두 일괄적으로 적용할 수 있는 표준화된 내용으로 구성되어 있다. 따라서 교과서 개발자들이 만든 교과서 차시 활동보다 각 학교의 학습공동체에서 만든 공동 수업안이 우리 학생들에게 맞는 수업이 될 수 있으며, 이는 배움으로 연결된다.

결국 전문적 교사 학습공동체에 의하여 만들어질 교육과정과 수업, 평가의 질은 교육과정 문해력에 달려 있다. 교육과정 문해력이 높은 교사들로 구성된 전문적 교사 학습공동체의 경우 교과서보다 뛰어난 교육과정, 수업, 평가 자료를 개발할 수 있다. 교육과정 문해력이 높지 않더라도 학습공동체 교사들이 함께 교육과정과 공동 수업안을 만들어 보는 시간을 통해 교육과정 문해력은 신장될 수 있으며, 집단지성에 의하여 그 효과는 훨씬 더 클 수 있다.

각 학교별로 전문적 교사 학습공동체를 운영하는 교사들이 공동의 목표를 갖고 있으면 학습공동체 운영의 촉매제가 될 수 있다. 공동의 목표로 '우리 동 학년, 동 교과 학습공동체 vs. 교과서 개발팀'이라는 가상의 게임을 설정하면 학습공동체 운영의 동기 형성에 도움이 될 것이다. 게임의 규칙은 학습공동체에 훨씬 유리하다. 우리 학생들을 알고, 적인 교과서를 아는 데 이보다 훌륭한 자료를 만들어 내는 것은 그리 어려운 일은 아닐 것이다. 동일 성취기준으로 동 학년에서 만든 학습 자료와 교과서 관련 차시 활동으로 학습 효과를 비교·검증하는 연구를 해 봐도 좋을 것이다.

교육과정 문해력, 디테일을 더하다

앞에서 논의한 내용들을 종합해 보았을 때 교육과정 문해력의 정의는 '교육과정 문서의 의미를 바르게 이해하고, 이를 반영하여 교육과정을 설계하고 수업을 디자인하며, 평가할 수 있는 능력'이라 할 수 있다.

위 정의에 의하면 교육과정 문해력은 크게 교육과정 문서 해석 능력, 교육과정 문서를 반영한 교육과정 설계 능력, 수업 디자인 능력, 성취기준 도달도를 확인하기 위한 평가를 할 수 있는 능력의 4가지 영역으로 구분할 수 있다.

그럼 교육과정 문서를 잘 해석하고, 교육과정과 수업, 평가를 잘 운영하기만 하면 교육과정 문해력 수준이 높다고 할 수 있을까? 교육과정 문해력은 위 4가지 영역 안에서도 세부적인 요소들로 나뉘어진다.

교육과정 문서를 해석할 때는 교육과정 총론에서 제시된 교육학적 함의를 담고 있는 용어나 문장을 해석할 수 있어야 하며, 교과 각론에 제시된 각 교과의 영역별 내용 체계표의 구성 원리도 교육학적으로 해석할 수 있어야 한다.

교육과정을 설계할 때는 재구성을 위한 재구성이 되지 않도록 학생들에게 꼭 필요한 최적화된 재구성 주제를 뽑아 내는 능력이 있어야 한다. 주제를 선정하였으면, 수많은 성취기준 중 주제에서 요구하는 교육적 가치와 밀접한 관련이 있는 성취기준을 선별할 수 있는 눈도 있어야 한다. 또한 교육과정 문서의 각 교과별 시수 규정에 대하여 이해할 수 있어야 규정에 맞는 교과별 시수 증감을 할 수 있다.

수업에서는 학습목표와 성취기준의 성격을 알고, 각자의 역할에 맞게 수업에 반영할 수 있어야 한다. 그리고 성취기준에서 요구하고 있는 지식과 기능, 가치·태도를 볼 수 있는 눈이 있어야 이를 수업에 반영할 수 있다. 또한 교사용 지도서에 제시된 차시별 주제들이 성취기준과 어떠한 관련성이 있는지 따져 보고, 이를 수업에 반영할지, 아니면 새로운 내용으로 대체해야 할지도 판단할 수 있어야 한다.

평가에서는 평가 운영을 위한 문서에 해당하는 교육부 학교생활기록부 훈령과 시·도 교육청의 학업성적관리 시행지침을 해석할 수 있어야 한다. 이를 반영한 학급 평가 계획을 수립할 수 있어야 하며, 성취기준에서 도달시켜야 하는 평가 요소도 볼 수 있는 눈이 있어야 한다. 또한 교육과정 문서 평가 영역의 중요한 문구인 '과정을 중시하는 평가'인 과정중심평가에 대한 이해도 필요하다.

위에서 열거한 것들 외에도 교육과정 문해력의 요소는 보는 관점에 따라 매우 다양할 수 있다. 하지만 교육과정-수업-평가 운영을 위하여 꼭 필요한 것들을 짚어 보면 다음과 같다.

영역	영역별 세부 요소
교육과정 문서 해석	• 교육과정 문서와 자료를 구분할 수 있는 능력 • 교육과정 총론 해석 　– 핵심역량의 의미 　– 교육과정 · 수업 · 평가 운영에 대한 사항 • 교육과정 각론 해석 　– 교과 영역별 내용 체계표 해석 능력 　– 성취기준 분석 능력
교육과정 설계	• 주제 중심 교육과정의 주제 선정 능력 • 교육과정 설계를 위한 시수 규정 • 주제 연관 성취기준 선정 능력 • 성취기준을 반영한 단원 설계 능력 • 7대 안전교육 및 법정이수 주제를 반영한 교육과정 설계 능력
수업	• 수업 디자인을 위한 성취기준 분석 능력 • 교과서 수업 내용과 성취기준과의 연관성 분석 • 수업을 교육과정 관점에서 볼 수 있는 눈 • 성취기준의 효율적 도달을 위한 수업 재료 선별 능력 • 배움을 확인할 수 있는 평가 장면과 피드백을 반영한 수업 디자인 능력
평가	• 평가 관련 문서인 훈령과 지침 해석 능력 • 총론에 제시된 '과정중심평가' 의미 해석 능력 • 평가 계획 설계 능력 • 성취기준 도달도 확인을 위한 평가 요소 선정 능력 • 성취기준 도달도 확인을 위한 최적화된 평가 방법 선정 능력 • 평가 설계(수행과제와 채점 기준안 설정) 능력 • 효율적인 피드백 선정 능력 • 성장과 발달을 드러낼 수 있는 기록 능력 • 효율적인 가정통지 능력

[표 2-7] 교육과정 문해력의 세부 요소

교육과정 문해력에 따른 4가지 운영 사례

교육과정 문해력이 높은 교사는 교육과정 문서를 바르게 해석하고, 이를 반영한 교육과정 재구성과 수업 디자인, 평가를 운영할 수 있다. 그럼 실제 교사의 교육과정 문해력의 수준은 어떻게 드러날까? "초등학교 사회 3학년 2단원. 옛날과 오늘날의 생활 모습"에 대한 가상의 교사 4명의 교육과정 운영 사례를 통하여 교육과정 문해력 수준이 실제 어떻게 드러나는지 살펴보도록 하겠다.

김○○ 교사의 사례

• 김○○ 교사의 2단원 교육과정 설계

김○○ 교사는 평상시에 교과서를 중심으로 수업을 한다. 먼저 교재를 연구하기 위해서 교사용 지도서를 펼치고, 「사회 3학년 2학기 2단원 (1)옛날과 오늘날의 생활 모습」 단원의 주요 지도 계획을 살펴보았다.

성취기준	차시	차시별 학습 활동
[4사02-03] 옛사람들의 생활 도구나 주거 형태를 알아보고, 오늘날의 생활 모습과 비교하여 그 변화상을 탐색한다.	1	단원 학습 내용 예상하기
	2	자연에서 얻은 도구를 사용하던 옛날의 생활 모습 알아보기
	3	새로운 도구를 만들어 사용하던 옛날의 생활 모습 알아보기
	4	농사 도구의 변화로 달라진 사람들의 생활 모습 알아보기
	5	음식과 옷을 만드는 도구의 변화로 달라진 사람들의 생활 모습 알아보기
	6	사람들의 사는 집의 모습 변화 알아보기
	7	집의 변화로 달라진 사람들의 생활 모습 알아보기

(출처 : 사회 3-2학기 교사용 지도서)

교과서를 살펴보면서 '1차시 단원 학습 내용 예상하기'는 40분 수업 시간 동안 별로 할 게 없다는 판단을 하고 해당 내용을 2차시 시간에 함께 다뤄야겠다고 지도 계획을 변경한다. 1차시를 2차시에 함께 다뤄 확보된 사회과 1시수는 단원평가를 위한 차시로 대체하기로 교육과정 운영을 변경한다. 이 과정에서 간단한 교육과정 변경이 이루어졌다. 나머지 2~7차시는 교과서에 제시된 내용 그대로 운영해야겠다고 생각한다. 여기까지가 김 교사의 교육과정 설계가 이루어지는 단계이다.

김 교사는 전형적인 교과서 순서대로 교육과정을 운영한다. 작은 부분에서 교육과정을 변경하기는 하였는데, 1차시의 단원 소개를 빼고 확보된 1차시 분량을 단원평가로 배정하였다.

• 김○○ 교사의 2단원 수업 장면

수업 장면에서는 우선 교사용 지도서에 제시되어 있는 학습목표를 확인한다. 지도서에 제시된 2차시 학습목표인 '자연에서 얻은 도구를 사용하던 옛날의 생활 모습을 설명할 수 있다.'를 확인하고 자연에서 얻은 도구에 초점을 맞추어 수업을 진행한다.

교과서에 제시된 지문을 학생들과 함께 읽어 보고, 그림에 대하여 이야기한다. 그리고 교과서에 제시된 뗀석기와 움집, 빗살무늬토기, 뼈낚시 등에 대하여 학생들에게 열정적으로 설명하면서 수업이 끝난다. 학습목표를 충실히 수업 장면 안에서 구현한 수업으로 볼 수 있다. 하지만 안타깝게도 김 교사는 성취기준을 확인하지 않고 교과서만 보고 수업을 해서 성취기준 도달의 부수적 재료인 빗살무늬토기, 돌도끼 등이 주 목적이 되는 삼천포로 빠지는 수업을 했다.

• 김○○ 교사의 2단원 단원평가 장면

평가도 성취기준에 대한 직접적 평가가 아닌 수업에서 다루었던 빗살무늬토기, 돌도끼 등에 대한 지식적인 부분을 물어보는 단답형과 선택형 문항들을 주로 사용하였다. 평가를 보는 날짜도 2단원 전체 수업이 끝난 뒤 모든 차시 내용을 종합한 일제식 총괄평가 형태로 이루어졌다.

• 교육과정 문해력의 관점에서 본 김○○ 교사

김 교사는 교과서에 있는 학습목표에 따라 교육과정에 제시되어 있는 교육과정 성취기준을 도달시킨 수업을 하였다. 하지만 교육과정 문서를 해석해서 교사와 학생에게 맞는 수업을 새롭게 구성하지 않고 교과서 내용 전달자로서의 역할밖에 하지 못하였다. 교육과정 문해력의 관점에서 보면 교육과정을 해석하여 이를 교육과정과 수업, 평가에 활용하는 절차가 아예 이루어지지 않았다.

안○○ 교사의 사례

안○○ 교사는 김 교사와 교육과정 설계인 차시별 주제는 같게 운영하였지만, 수업 내용은 교과서대로 하지 않았다. 각 차시의 주제인 자연에서 얻은 도구, 새로운 도구, 농사 도구 등을 교과서에 제시된 도구가 아닌 안 교사와 학생들이 살고 있는 지역의 탐라박물관의 생활 도구들로 변경하여 운영하였다. 김 교사와는 달리 수업 내용을 다르게 구성하여 운영한 것이다. 이러한 안 교사의 사례를 교육과정 재구성이라 말하기도 하지만, 엄밀한 의미로는 교과서 내용 재구성에 해당한다. 교과서 내용은 변경하였지만 교육과정은 교과서 개발자가 만든 차시 구성과 순서를 그대로 따르고 있기 때문이다. 교육과정 문해력의 관점에서 봤을 때 안 교사도 김 교사와 마찬가지로 교육과정 문서인 성취기준을 확인하지 않고 교육과정과 수업을 운영하였다.

정○○ 교사의 사례

정○○ 교사는 앞의 두 교사와 다르게 교사용 지도서와 교과서의 전체 차시 구성을 보기 전에 먼저 성취기준을 확인하였다.

이 수업 관련 "[4사02-03] 옛사람들의 생활 도구나 주거 형태를 알아보고, 오늘날의 생활 모습과 비교하여 그 변화상을 탐색한다."는 성취기준을 읽고 옛날과 오늘날 생활 모습 비교를 통하여 변화상을 탐색하는 것이 주요 핵심임을 깨달았다. 성취기준을 정 교사의 관점에 의하여 해석하고 교육과정을 운영하기 위한 핵심을 짚은 것이다. 이러한 부분도 교육과정 문해력의 요소에 해당될 수 있다.

그리고 교사용 지도서의 각 차시 학습목표를 살펴보면서 다음과 같은 생각을 했다.

'성취기준인 옛날과 오늘날 생활 모습 비교를 통하여 변화상을 탐색하는 데 1차시 단원 학습 내용 예상하기, 2차시 자연에서 얻은 도구, 3차시 새로운 도구를 만든 옛날 모습, 4차시 농사 도구, 5차시 옛날 음식과 옷, 6차시 집과 같이 생활 모습별로 따로 나누어 6차시를 구성할 필요가 있을까? 2~3차시 정도의 분량으로 옛날 생활 도구들을 한 번에 알아보고, 나머지 차시들은 오늘날과 비교하고 변화를 탐색하는 활동으로 구성하는 게 성취기준 도달에 더 효율적이지 않을까?'

이에 따라 정 교사는 2단원 차시 구성을 다음과 같이 변경하였다.

성취기준	차시	차시별 학습 활동
[4사02-03] 옛사람들의 생활 도구나 주거 형태를 알아보고, 오늘날의 생활 모습과 비교하여 그 변화상을 탐색한다.	1	옛날 생활 도구 조사 발표 학습을 위한 모둠별 역할 및 조사방법 정하기
	2~3	탐라박물관 현장체험학습을 통하여 모둠별 각자 맡은 생활 도구 조사 자료 수집하기(현장학습)
	4	조사한 사진 및 조사기록장을 활용하여 모둠 발표 자료 만들기
	5	모둠별 옛날 생활 도구를 발표하고, 오늘날과 달라진 점 브레인스토밍 학습하기
	6	옛날과 오늘날의 달라진 생활 모습에 대한 모둠 토의 후 발표하고 선생님과 정리하기
	7	2단원 단원평가

정 교사는 앞의 두 교사와는 다르게 교사용 지도서의 학습목표를 버렸다. 그리고 단원의 골격인 차시별 주제도 새롭게 설계하였다. 교육과정 문서인 성취기준을 보고 단원을 새롭게 재구성한 것이다. 교육과정 문서인 성취기준의 핵심을 짚어 내고, 이를 활용하여 교육과정을 재구성한 과정에서 비로소 교육과정 문해력이 발현되었다고 이야기할 수 있다.

그런데 한 가지 아쉬운 점은 교육과정과 수업 운영에서는 교육과정 문해력 수준이 높았지만, 평가 측면에서는 그렇지 못했다. 성취기준에 도달시키기 위해서 수업을 하였지만, 도달했는지 확인했다고는 볼 수 없다. 그 이유는 정 교사의 평가지에서 확인이 능하다.

〈2단원 단원평가〉

1. 다음 옛날 생활 도구는 오늘날 생활 도구로, 오늘날의 생활 도구는 옛날
   생활 도구로 바꾸어 쓰시오.

   김치냉장고 → (　　) 　　빗살무늬토기 → (　　)
   움집 → (　　) 　　　　믹서기 → (　　)

2. 옛날 사람들의 생활 모습은 어떤 특징을 갖고 있나요?

　이 평가문항은 [4사02-03] 성취기준 중 "옛사람들의 생활 도구나 주
거 형태를 알아보고"에 해당하는 지식적인 요소만을 묻고 있다. 성취기
준의 기능적 요소인 변화상을 탐색하는 부분은 평가가 이루어지지 않았
다. 하지만 유심히 보면 정 교사의 평가 장면에서 놓친 [4사02-03]의 성
취기준 중 "오늘날의 생활 모습과 비교하여 그 변화상을 탐색한다."라는
평가 요소는 수업 중 평가할 수 있는 기회가 있었다. '5차시 모둠별 옛날
생활 도구를 발표하고 오늘날과 달라진 점 브레인스토밍 학습하기'에서
위 평가 요소를 충분히 평가할 수 있었다.

　정 교사는 성취기준을 교육과정 설계와 수업 디자인에서는 바르게 활
용하였지만, 평가 측면에서는 성취기준 도달도를 확인하기 위한 평가
요소를 제대로 뽑아 내지 못하였다. 또한 성취기준 도달도를 확인하기

위한 최적화된 평가 방법을 찾지 못하였다. 즉, 교육과정 문해력 수준이 완벽한 상태라고는 할 수 없다.

윤○○ 교사의 사례

윤 교사는 교육과정 총론 문서 중 '과정을 중시하는 평가'라는 문구에 주목하였다. 그리고 이를 반영하여 다음과 같이 교육과정을 설계하였다.

성취기준	차시	차시별 학습 활동
[4사02-03] 옛사람들의 생활 도구나 주거 형태를 알아보고, 오늘날의 생활 모습과 비교하여 그 변화상을 탐색한다.	1	옛날 생활 도구 조사 발표 학습을 위한 모둠별 역할 및 조사 방법 정하기
	2~3	탐라박물관 현장체험학습을 통하여 모둠별 각자 맡은 생활 도구 조사 자료 수집하기(현장학습)
	4	조사한 사진 및 조사기록장을 활용하여 모둠 발표 자료 만들기(보고서 평가)
	5	모둠별 옛날 생활 도구를 발표하고, 오늘날과 달라진 점 브레인스토밍 학습하기(관찰평가)
	6	모둠별 브레인스토밍 월드카페 활동하기
	7	타임머신을 타고 온 세종대왕님의 일기 쓰고 발표하기(논술형 평가) 선생님과 달라진 생활 모습 이야기하기

윤 교사는 수업 따로, 평가 따로의 교육과정 운영이 아닌, 수업 중 학생의 성장과 발달 장면을 확인할 수 있는 활동이 바로 평가가 이루어질 수 있는 포인트라 생각했다. 이 지점이 바로 수업과 평가를 일체화하려

는 관점으로 볼 수 있다. 따라서 4차시 모둠별 옛날 생활 도구를 조사 발표하는 과정에서 보고서와 발표 장면에 대한 수행평가를 함께 실시하였다. 또한 5차시 브레인스토밍 활동에서 옛날과 오늘날 생활 모습 비교를 통하여 변화상을 자신의 언어로 표출해 내는지를 평가하였다. 평가로만 끝내는 것이 아니라 월드카페 활동을 통하여 다양한 친구들의 생각을 공유하는 기회를 주어, 수업 활동 자체에서 피드백이 이루어지는 수업 디자인을 하였다. 그리고 마지막으로 논술형 평가를 실시하여 학생들의 성취기준 도달도를 최종적으로 확인하고, 교사와의 대화 활동을 통하여 최종적인 피드백이 이루어지도록 하였다.

윤 교사의 교육과정 운영 사례에서 여러 가지를 생각해 볼 수 있다. 교육과정 문서인 성취기준을 적극적으로 해석하여 교육과정을 재설계한 것과 교육과정-수업-평가의 일체화 또한 실천하고 있음을 확인할 수 있다. 또한 성취기준이 형성되는 주요 포인트에 평가를 함께 설계하고, 피드백을 후속 활동으로 설계하여 학생의 성장과 발달을 돕는 과정중심평가도 구현하였음을 확인할 수 있다.

윤 교사는 교육과정 문해력의 정의에 해당하는 교육과정 문서를 해석하는 눈, 이를 교육과정 재구성과 수업, 평가에 모두 활용할 수 있는 역량까지 함께 갖추고 있었다.

앞의 네 교사들의 수업 사례는 실제 교실 현장에서 일어날 수 있는 교육과정 운영 사례를 크게 4가지 기준으로 제시해 본 것이다. 이 4가지 유형을 나누는 기준이 바로 교육과정 문해력이다.

교육과정 문해력 Self Test

앞에서 논의한 교육과정 문해력에 대한 정의 및 세부 요소들을 근거로 하여 교육과정 문해력 진단 항목을 선정했다. 다음의 진단 항목을 읽어 보고 해당되는 곳에 표시한다.

순	진단 항목	진단	
1	교육과정 문서의 의미를 알고, 문서와 자료를 구분할 수 있다.	Yes	No
2	교육과정 총론을 읽고, 교육학적 의미를 이해할 수 있다.	Yes	No
3	교육과정 총론의 강조점인 핵심역량의 의미를 알고 있다.	Yes	No
4	교육과정 총론에서 강조하는 교육과정, 수업, 평가 운영 방향을 알고 있다.	Yes	No
5	교과 각론의 영역별 내용 체계표가 만들어진 원리를 알고 있다.	Yes	No
6	성취기준이 만들어진 원리를 알고 수업에 활용할 수 있다.	Yes	No

7	내가 가르치는 학생들에게 꼭 필요한 교육과정이 되기 위한 교육과정 재구성 방향을 설정할 수 있다.	Yes	No
8	교과별 시수 증감에 대한 규정을 알고 있다.	Yes	No
9	내가 정한 재구성 주제와 관계 깊은 성취기준을 선정할 수 있다.	Yes	No
10	교과서에 제시된 차시를 성취기준과의 연계성 관점에서 분석하고 변경할 수 있다.	Yes	No
11	7대안전교육 및 법정이수를 모두 지키면서 효율적으로 교육과정을 운영할 수 있는 노하우가 있다.	Yes	No
12	수업 디자인을 위하여 성취기준을 분석할 수 있다.	Yes	No
13	교과서의 활동과 성취기준의 연계성에 대하여 생각해 보고, 활동 내용을 변경해 본 적이 있다.	Yes	No
14	교사용 지도서에 제시된 학습목표는 성취기준 도달을 위하여 꼭 필요한 것이 아니다.	Yes	No
15	성취기준 도달을 위하여 교과서보다 효율적인 수업 방법과 재료를 선정할 수 있다.	Yes	No
16	평가와 피드백을 반영한 수업을 설계할 수 있다.	Yes	No
17	학교생활기록부 훈령과 학업성적관리 시행지침을 읽고 해석할 수 있다.	Yes	No
18	과정중심평가의 의미와 실천 방법을 알고 있다.	Yes	No
19	평가 계획 예시안 없이 스스로 평가 계획을 수립할 수 있다.	Yes	No
20	성취기준을 보고 꼭 평가해야 할 평가 요소를 선정할 수 있다.	Yes	No
21	성취기준 도달을 위한 최적화된 평가 방법을 선정할 수 있다.	Yes	No
22	성취기준 도달도를 확인할 수 있는 수행과제와 채점 기준표를 선정할 수 있다.	Yes	No
23	성취기준에 미도달한 학생을 위한 효과적인 피드백 방안을 알고 있다.	Yes	No
24	학생의 성장과 발달을 한눈에 드러낼 수 있는 기록 노하우가 있다.	Yes	No
25	학부모에게 학생의 성장과 발달을 최대한 그대로 전달할 수 있는 가정통지 방법을 알고 있다.	Yes	No
26	교육과정-수업-평가-기록 일체화의 의미를 이해할 수 있다.	Yes	No

교육과정 문해력을 진단하는 26가지 항목에 모두 Yes라고 응답할 수 있는 교사는 많지 않을 것이다. 다음에 이어지는 내용에서 교육과정 문해력을 신장시킬 수 있는 세부 사항을 살펴보고, 이를 실제 교실 현장에서 실천해 나간다면 교육과정 문서를 해석할 수 있는 눈과 이를 실천할 수 있는 실천 역량을 키울 수 있을 것이다.

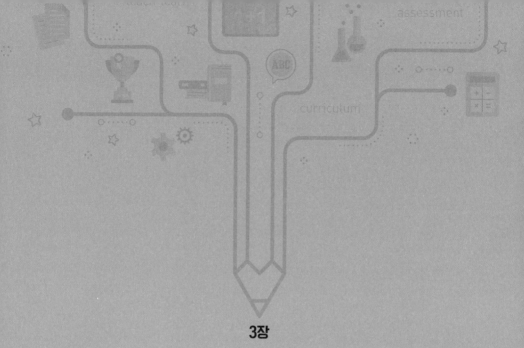

3장

교육과정-수업-평가-기록 일체화,
어디까지 가 봤니?

교과서로 하나였던 교육과정-수업-평가, 균열이 생기기 시작하다

2장과 3장에서는 교육과정 문해력을 위해서 꼭 알고 실천할 수 있어야 하는 교육과정-수업-평가-기록 일체화와 과정중심평가에 대하여 자세히 알아보도록 하겠다.

교육과정 재구성, 배움중심수업, 과정중심평가라는 개념이 나오기 전에 교육과정-수업-평가는 원래 하나였다. 그래서 '연계' '일체화'라는 논의는 필요치 않았다. 문제는 이 3가지가 교과서로 일체화되어 있었다는 것이다.

교육과정 재구성이 나오기 전, 아니 나온 후에도 많은 학급에서 교육과정은 교과서 순서였다. 교과서 맨 앞 단원의 첫 차시가 3월 2일의 교육 내용이고, 마지막 단원의 마지막 차시가 방학식 날의 교육 내용이었다. 결국 교육과정은 교과서 맨 앞장에 있는 단원의 차례였다.

수업은 어떠한가? 수업도 교과서에 있는 내용을 그대로 학생들에게 전달해 주는 것이었다. 평가는 교과서에 있는 내용을 학생들이 얼마나 많이, 정확히 알고 있는가를 평가하는 것이었다. 이처럼 학교 현장의 교육과정-수업-평가는 교과서로 단단히 묶여 있었다.

그런데 '학생의 성장과 발달을 위한 교육과정 만들기'라는 목적으로 교육과정 재구성이 나오기 시작하면서 문제가 생기기 시작하였다. 교육과정 재구성은 결재용 종이의 역할만 할 뿐 수업 계획으로서의 역할을 하지 못하는 경우가 너무 빈번하게 나타났다.

실제 교육과정 재구성 계획에 의하여 수업이 이루어지는 경우도 평가에서 문제가 생기는 경우가 많았다. 학생들의 역량을 키우기 위해 교육과정을 재구성하고, 그 계획에 따라 지식·기능·태도를 모두 키우는 수업을 하지만, 평가에서는 지식에 대한 부분만 평가하는 경우가 많았다. 이러한 평가 결과에 의하여 학생들의 의미 있는 성장과 발달 장면에 대한 기록이 아닌, 일제식 평가 결과나 총괄평가 형태의 수행평가에 의해서 학생의 다양한 측면 중 극히 일부분만을 기록(학교 생활기록부)하는 문제점이 있었다.

이러한 현장의 교육과정, 수업, 평가, 기록의 문제점을 진단하고 해결하기 위하여 교육과정-수업-평가-기록 일체화에 대한 정책이 생겨났다.

교육과정-수업-평가-기록 일체화, 과학으로 증명하다

교육과정-수업-평가 일체화는 단선이 아닌 복선이다

교육과정-수업-평가-기록 일체화와 관련된 책이나 장학 자료를 분석해 보면 공통적으로 "학생의 성장과 발달을 위하여 교육과정을 재구성하고, 재구성한 계획에 의하여 배움중심수업을 실시하며, 수업한 내용을 과정중심평가하고 기록하는 교육과정 편성·운영 방식"으로 정의하고 있음을 확인할 수 있다.

이러한 정의에 의하면 교육과정-수업-평가-기록 일체화가 이루어지는 절차는 교육과정 재구성 → 수업 → 평가 → 기록의 단선적인 방향으로 논의되는 것을 확인할 수 있다. 하지만 교육과정-수업-평가-기록 일체화의 주요 축인 교육과정-수업-평가는 항상 정해진 순서(시작은 교육과정, 끝은 평가)에 의한 단선적인 방향으로만 이루어지는 것이 아니다.

실제 교육과정-수업-평가를 학교 현장의 실천적 관점에서 바라보면, 수업을 기점으로 하여 일체화가 이루어지거나, 평가를 기점으로 하여 일체화가 이루어지는 사례들도 있다. 성취기준 도달을 확인하기 위하여 수행과제를 선정하고 이를 실천하는 과정에서 수업과 평가가 일체화되고, 이러한 실천 사례들이 성취기준 단위로 모여 교육과정 재구성이 결과물로 따라오는 교실 사례도 있다. 즉, 교육과정-수업-평가의 일체화는 수업이나 평가를 기점으로 하여 일어날 수 있기 때문에 순차적으로 진행되는 단선적인 방향에서만 이루어지는 것이 아니다.

이는 교육과정 총론에서도 확인할 수 있다. 교육과정 총론 문서에서는 교육과정-수업-평가-기록 일체화와 비슷한 맥락으로 다음과 같은 교수·학습 구성 중점 사항이 언급되었다.

2015 개정 교육과정 총론

 2. 교육과정 구성의 중점

  마. 교과의 교육목표, 교육 내용, 교수·학습 및 평가의 일관성을 강화한다.

교육과정-수업-평가 일체화와 같은 맥락의 일관성에 관한 내용을 언급하면서 총론 해설서에 다음 [표 3-1]을 제시하였다.

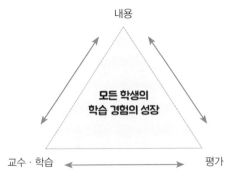

[표 3-1] 교육 내용, 교수·학습 및 평가의 일관성
(출처 : 2015 개정 교육과정 총론 해설서)

교육과정 총론 해설서에서 제시된 일관성에 대한 표는 교육과정, 수업이라는 명칭을 사용하지는 않았지만, 수업과 연관된 교수·학습, 교육과정과 연관된 내용이라는 용어를 사용하여 일관성을 쌍방향 6개의 화살표로 설명하고 있다. 실제로 교육과정-수업-평가의 일체화는 '교육과정→수업→평가'의 단선 방향에 의하여 이루어지지 않는다. 평가에 의하여 수업과 교육과정 일체화가 이루어지기도 하고, 수업을 구심점으로 하여 평가와 교육과정이 일체화되기도 한다.

교육과정-수업-평가 일체화는 단선적·일방적 방향만이 아닌 [표 3-2]와 같이 쌍방향 6개의 화살표에 의하여 이루어질 수 있다.
그럼 교육과정-수업-평가 일체화를 나타내는 [표 3-2]의 6개의 화살표가 어떤 의미를 갖고 실제 교육과정, 수업, 평가에서 어떻게 구현되는지 설명해 보도록 하겠다.

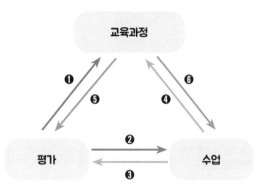

[표 3-2] 교육과정-수업-평가 일체화

평가로 교육과정-수업-평가 일체화하기

• ②번 화살표 : 평가와 수업의 화학적 결합

②번 화살표는 평가의 변화로 평가와 수업의 일체화를 의미한다. 이를 위해서 평가는 2번의 변화 과정(프로세스)을 거쳐야 한다. 첫 번째 프로세스는 수업 속에 평가가 들어가기 위하여 단원의 모든 내용을 통합하여 평가했던 일제식 평가 시스템에서 성취기준 단위 평가로 분절하는 절차이다.

그동안 학교 현장의 평가를 보면 여러 개의 성취기준에 관한 수업이 이루어진 뒤 이 성취기준들을 종합하여 일제식 평가를 치르는 방식이었다. 이와 같은 평가가 이루어질 경우 지식·기능·태도로 구성된 성취기준 중 주로 지식에 대한 부분밖에 평가하지 못하게 된다. 따라서 수업 시간과 성취기준에서 도달해야 할 것들을 평가해 내지 못하는 수업과 평가의 불일치가 일어날 수밖에 없다.

첫 번째 프로세스인 수업 속에 평가가 들어가기 위해서는 일제식 평가를 성취기준 단위로 쪼갠 후 각 성취기준이 이루어지는 수업 안에 넣으면 되는 것이다.

단원평가 방식의 일제식 평가를 성취기준 단위로 쪼개기	성취기준 단위로 쪼개진 평가를 해당 성취기준이 이루어지는 수업 안에 넣기
일제식 평가 → A성취기준 평가 → B성취기준 평가	A성취기준 평가 → A성취기준 수업 A성취기준 평가 / B성취기준 평가 → B성취기준 수업 B성취기준 평가

[표 3-3] 평가에 의한 일체화 첫 번째 프로세스

하지만 수업 안에 해당 성취기준과 관련된 평가를 넣는다고 수업과 평가가 질적으로 일체화가 이루어지는 것은 아니다. 예를 들어 수업 시간에 토의·토론에 대한 성취기준을 위하여 실제 토의·토론 수업을 하였지만, 평가 장면에서 토의·토론에 대한 지식을 평가하는 객관식 단답형 형태의 평가가 이루어진다면 수업과 평가가 일치하지 않는 것이다. 이는 수업이라는 물리적 공간 안에 평가를 넣었지만 질적으로 어울리지 않는 수업과 평가의 물리적 결합에 지나지 않는다.

따라서 평가를 매개로한 일체화의 두 번째 프로세스는 수업과 평가의 화학적 결합을 위한 평가의 질적 변화가 필요하다. 질적 변화 과정은 간단하다. 성취기준에서 요구하는 평가 요소와 이를 위하여 수업 시간에 다루었던 학습 요소들을 기반으로 평가하면 되는 것이다.

이 과정에서 선택형·단답형 문항 위주의 평가 방식에서 서술형·논술형 평가와 다양한 수행평가들로의 변경이 수반된다. 물론 선택형·단답형이 필요한 경우도 있지만 이것만으로 성취기준의 기능과 가치, 태도 등이 드러나는 수행 과정을 평가할 수 없기 때문에 평가 방법의 변화가 필수적으로 동반되는 절차이다.

이 과정에서 [표 3-2]의 ②번 화살표인 평가의 변화로 평가와 수업의 일체화가 입증되는 것이다. 성취기준 단위로 평가가 세분화되고, 평가가 수업 속 하나의 활동으로 녹아들어 가기 위해 평가의 질적인 변화로 수업과 평가의 일체화가 다음과 같이 가능해지는 것이다.

수업과 평가의 물리적 결합	수업과 평가의 화학적 결합
토의·토론 수업 30분 토의·토론 객관식 평가 10분	토의·토론 수업 토의·토론 장면 수행평가

[표 3-4] 평가에 의한 일체화 두 번째 프로세스

• ①번 화살표 : 평가로 교육과정 재구성-수업-평가 일체화 만들기

①번 화살표는 평가를 매개로 하여 수업과 평가가 일체화된 교육과정 재구성이 일어남을 의미한다. 즉, 수업-평가 일체화로 교육과정도 수

업-평가와 일체화됨을 확인할 수 있다.

[표 3-5] 중 왼쪽은 교과서에 의한 교육과정으로, 교과서 차례에 의한 수업이 연속적으로 이어지고 수업에 대한 결과를 결과 중심으로 평가하는 교육과정 운영 체제를 표현한 것이다. 오른쪽은 수업 속에서 평가가 함께 이루어져 수업과 평가가 일체화되고, 이를 통하여 교육과정이 재구성된 모습이다. 평가 변화를 매개체로 하여 교육과정 재구성-수업-평가의 일체화가 이루어진 것을 확인할 수 있다.

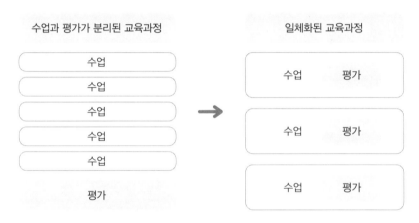

[표 3-5] 평가로 교육과정 재구성-수업-평가 일체화

수업과 평가가 분리된 교육과정 운영 체제에서 수업과 평가가 일체화된 교육과정 운영 체제는 결국 평가의 변화를 매개로 수업과 평가가 일체화되고, 이를 담아 내기 위한 교육과정 재구성-수업-평가의 일체화가 일어난 ①번 화살표의 의미를 증명한다.

수업으로 교육과정–수업–평가 일체화하기

• ③번 화살표 : 수업 디자인 관점의 확장

③번 화살표는 수업 디자인 관점의 확장으로, 평가가 변화되어 수업과 평가가 일체화되는 절차를 의미한다. 흔히 교사들은 성취기준이나 학습목표를 보고 배움이 일어나는 활동의 관점으로만 수업을 디자인한다. 하지만 수업을 매개로 하여 교육과정–수업–평가 일체화가 일어나는 절차는 수업을 디자인하는 관점의 변화가 필요하다. 수업 안에서 배움을 확인하는 활동이 추가되어야 한다.

예를 들어 "[6국01-03] 절차와 규칙을 지키고 근거를 제시하며 토론한다."라는 성취기준을 보고 과거에는 '어떻게 하면 이 성취기준에 효율적으로 도달시킬까?'의 관점으로 수업을 디자인했다. 토론의 절차와 규칙을 알아보는 활동과 간단하게 모둠별로 미니 토론을 해 보는 활동으로 수업을 디자인했다.

하지만 교육과정–수업–평가 일체화를 위한 수업 디자인 관점은 "어떻게 하면 이 성취기준에 대한 배움을 확인할 수 있을까?"라는 질문이 추가되어야 한다. 추가된 배움 확인의 관점에 의하여 실제 학급 찬반 토론 활동을 계획하고, 이 활동에서 토의·토론 수행평가로 학생들의 배움을 확인할 수 있는 수업을 설계하게 된다. 이와 같은 관점의 추가로 성취기준이 이루어지는 수업 속에서 배움을 확인할 수 있는 평가 활동도 함께 설계될 수 있는 것이다.

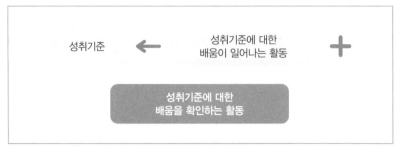

[표 3-6] 수업 디자인 관점의 변화

수업 디자인 관점의 확장은 성취기준을 중심으로 이루어지는 수업 안에 평가가 포함되도록 한다. 성취기준에 대한 배움을 확인할 수 있는 활동이 결국 평가가 되는 것이며, 수업과 평가의 일체화가 일어나는 것이다.

[표 3-7] 수업 디자인 관점 확장으로 수업 속에 평가가 포함

배움을 확인하는 활동을 포함하는 수업 디자인 관점의 확장은 평가의 긍정적 변화도 가져올 수 있다. 앞서 이루어진 배움이 일어나는 활동에

평가 요소가 포함되어 수업과 평가의 일체화가 가능해진다. 또한 과거의 구조화된 딱딱한 시험지 평가에서 학생들의 실제 활동과 맥락적으로 연계된 평가의 변화가 동반된다. '평가 문항'이라는 표현에서 '평가 과제'라는 표현이 많이 쓰이고 있는 것도 이와 같은 맥락으로 볼 수 있다. 문항은 수업의 활동이 될 수 없지만 과제는 수업의 활동으로서 역할을 할 수 있기 때문이다.

결국 배움을 확인하는 활동이라는 수업 디자인 관점 확장으로 수업과 평가가 일체화되는 ③번 화살표가 입증되는 것이다.

• ④번 화살표 : 교육과정 재구성 – 수업–평가 일체화가 일어나는 수업

성취기준을 중심으로 배움이 일어나는 활동과 배움을 확인하는 활동으로 수업이 진행된다면, 이 성취기준 안에서 수업과 평가는 일체화되는 것이다. 그런데 모든 수업을 이러한 관점으로 한다면 내가 하고 있는 전체의 교육과정은 어떤 모습일까?

[표 3-8]과 같이 모든 성취기준에서 배움이 일어나는 활동과 배움을 확인하는 활동을 염두에 두고 수업이 이루어진다면 전체 교육과정의 관점에서 평가를 품고 있는 수업이 되는 것이다. 결국 수업 디자인 관점의 확장으로 평가를 품고 있는 수업이 이루어지고, 이러한 수업의 연속과 실천은 눈으로는 보이지 않지만 교과서 교육과정이 아닌 실천적 관점의 교육과정 재구성이 이루어지고 있는 것이다.

[표 3-8] 수업 디자인 관점의 확장으로 교육과정 재구성-수업-평가 일체화

이와 같이 수업 디자인 관점의 확장은 평가를 담은 수업의 운영, 이를 위한 교육과정 재구성을 동반하여 교육과정 재구성-수업-평가의 일체화가 이루어지는 ④번 화살표를 입증할 수 있다.

교육과정 설계 변화로 교육과정-수업-평가 일체화하기

• ⑥번 화살표 : 교육과정 설계로 수업 내용의 변화

앞의 ①~④번 화살표는 수업과 평가로 인하여 교육과정 재구성-수업-평가 일체화가 일어나는 실천에 의한 일체화 관점에 의한 논의였다면, ⑤~⑥번 화살표는 일체화 실천을 위한 계획의 관점에 대한 논의다.

먼저 ⑥번 화살표는 교과서 순서의 교육과정 운영을 버리는 것에서 시작한다. 즉, 교육과정 재구성을 의미한다. 교육과정 재구성은 주제 중심 교육과정 재구성, 교과 내 재구성, 백워드 설계에 의한 재구성 등 다양한 메커니즘이 있지만 기본 원리는 성취기준을 중심으로 수업 내용을 선정·조직하는 것에서부터 시작한다. 이때 교과서 내용 전달식 수업에서 성취기준을 해석하는 교사의 눈과 학생의 삶을 반영한 수업으로 변경되는 과정이 ⑥번 화살표가 갖는 의미로 볼 수 있다.

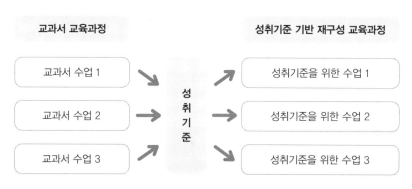

[표 3-9] 성취기준 기반 교육과정 재구성으로 수업의 변화

성취기준 중심 교육과정 설계 시 고려해야 할 것은 학생의 삶을 반영한 교육과정 설계이다. 삶을 반영한 교육과정 설계가 바로 교과 간 교육과정 재구성인 주제 중심 교육과정이다. 여기서의 주제는 학생들의 삶과 밀접한 소재여야 한다. 학교 폭력이 많이 일어나는 학급에서는 '인성'에 대한 주제가 필요하고, 다문화 학생이 많이 있는 학급에서는 '다문화' 관련 주제가 필요하다. 이와 같은 주제가 선정되면 수업 내용도 주제의 가치가 반영될 수 있는 수업으로 변경될 수 있다. 교육과정 재구성의 주

제가 수업 내용을 결정 짓게 되는 것이다.

결국 ⑥번 화살표의 의미는 교육과정이 성취기준을 위한 새로운 수업들의 모임터가 되는 것이며, 이로 인하여 교육과정 재구성-수업-평가 일체화가 이루어지는 것이다.

• ⑤번 화살표 : 백워드 설계

⑤번 화살표는 교육과정 설계 시 성취기준 도달도 확인을 위한 평가를 포함한 교육과정 설계를 의미한다. 교육과정을 설계할 때 단원평가, 중간·기말고사와 같은 평가 전용 시수를 부여하는 교육과정 설계가 아닌 성취기준 도달 과정과 결과를 모두 고려한 평가 방식으로 교육과정을 설계하는 것을 의미한다.

이와 같은 교육과정 설계 방식으로 평가는 수업과 분리되는 것이 아니라 수업 속에서 배운 내용을 기반으로 하며, 배움을 심화·발전시킬 수 있는 기회를 제공하는 학습을 위한 평가(assessment for learning)로서의 역할을 할 수 있다. 교육과정 설계에서 이러한 평가의 관점을 반영하기 위하여 백워드 설계 방식이 효율적으로 사용될 수 있다.

[표 3-10]을 보면 교육과정 설계에서부터 평가를 고려한 설계가 이루어지고 있음을 알 수 있다. 수업 속에서 학생들의 성취기준 도달도를 평가하고 피드백할 수 있는 주제들로 교육과정이 설계되어 수업과 평가를 하나로 만든 교육과정 재구성이 이루어졌다. 결국 ⑤번 화살표의 의미는 평가가 학생들에게 배움의 깊이와 폭을 확장하는 기회를 주어 평가가 곧 수업이 되는 교육과정 설계 방식을 의미한다.

수행평가	차시	수업 · 평가 활동
[6수05-03]주어진 자료를 띠그래프와 원그래프로 나타낼 수 있다.	1	띠그래프가 들어간 신문 기사로 띠그래프의 의미와 장점 알아보기
	2	띠그래프 그리고 해석하기 ← 평가 및 피드백
	3	원그래프가 들어간 신문 기사로 원그래프의 의미와 장점 알아보기
	4	원그래프 그리고 해석하기 ← 평가 및 피드백
[6수05-04]자료를 수집, 분류, 정리하여 목적에 맞는 그래프로 나타내고, 그래프를 해석할 수 있다.	5	모둠 신문 제작 계획 세우기 조사 주제, 내용, 그래프 정하기, 조사하기
	6	조사 내용 표와 그래프로 만들기, 그래프 해석하기 ← 평가 및 피드백
	7~8	신문 제작하고 발표하기 ← 평가 및 피드백

[표 3-10] 평가를 반영한 교육과정 설계

위 교육과정 설계를 보면 교육과정 설계에서부터 평가를 고려한 설계가 이루어지고 있음을 알 수 있다. 수업 속에서 학생들의 성취기준 도달도를 평가하고 피드백할 수 있는 주제들로 교육과정이 설계되어 수업과 평가를 하나로 만든 교육과정 재구성이 이루어졌다. 결국 ⑤번 화살표의 의미는 평가가 학생들에게 배움의 깊이와 폭을 확장하는 기회를 주어 평가가 곧 수업이 되는 교육과정 설계 방식을 의미한다.

교육과정-수업-평가와 기록은 어떻게 일체화될까?

기록이 교육과정-수업-평가와 일체화될 수 있기 위해서는 한 학기에 이루어지는 수많은 수업 속에서 학생들의 의미 있는 성장과 발달이 교육과정에서 중요하게 선정한 가치들을 중심으로 기록될 수 있어야 한다. 하지만 교육과정-수업-평가-기록 일체화에 대한 논의 이전의 기록에는 그러한 장면들이 기록되지 않았다.

[표 3-11] 한 학기 교육과정

　한 학기의 교육과정 속 극히 일부 시간에 이루어지는 중간고사와 기말고사, 수업과는 분리된 학습지 형태의 수행평가 장면들이 기록의 대상이었다. 말 그대로 수업과 평가가 분리되어 있으며, 기록 또한 수업과는 분리된 평가에서 나오는 기록들이었다. 수업 시간에 드러난 학생들의 문제해결 능력이나 창의성이 기록되는 시스템이 아니라 선택형·단답형 중심 문항에서 측정할 수 있는 지식에 대한 암기력이나 이해 여부가 주 기록의 대상이었다.

　하지만 교육과정-수업-평가가 일체화된 상태에서의 기록은 수업 속 의미 있는 성장과 발달들이 고스란히 기록으로 이어질 수 있다. [표 3-11]에서 수업과 평가는 분리되어 있었지만 성취기준을 중심으로 수업과 평가가 일체화된 교육과정에서는 [표 3-12]와 같이 배움에 대한 확인 장면이 수업 속에 내재되어 있다. 수업 속에서 배움을 확인하는 과정이 기록으로 연결되는 것이다. [표 3-12]와 같이 수업과 평가가 일체화된 교육과정에서 기록까지 일체화되는 것은 자연스러운 부산물이다.

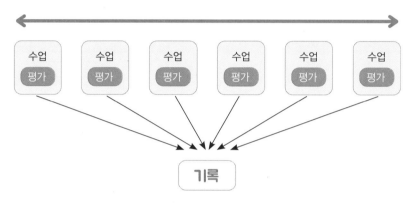

[표 3-12] 성취기준으로 수업과 평가가 일체화된 교육과정

교육과정과 기록의 일체화는 다음 2가지 조건을 충족해야 한다.

첫째, 교육과정의 주요 요소인 성취기준에 대한 도달도가 기록되어야 한다. 또한 성취기준의 하위 요소인 지식과 기능, 가치·태도가 종합적으로 기록될 수 있도록 해야 한다.

둘째, 교과 세부능력 및 특기사항의 경우 지식과 이해 여부를 기록하는 것뿐만이 아닌 교과 역량에 대한 사항들이 기록될 수 있어야 한다.

교과 역량에 대한 기록이 이루어지기 위해서는 교육과정 또한 역량을 드러낼 수 있는 활동 중심의 설계가 동반될 때 가능한 것이다.

[표 3-13] 교육과정 설계-기록의 상관관계

교-수-평-기에 '주제'를 입히다

주제 중심 교육과정의 교-수-평-기 일체화 방안

교육과정 재구성은 교과 내 단원 단위에서 이루어지기도 하지만 '주제'를 중심으로 교과 간에 이루어지기도 한다. 교과 내 교육과정 재구성이나 주제 중심 교과 간 교육과정 재구성 모두 성취기준을 중심으로 교육과정-수업-평가-기록이 일체화되는 원리를 갖고 있지만, 주제 중심 교육과정에서 일체화가 이루어지기 위해서는 한 가지 절차가 더 필요하다.

주제 중심 교육과정에서 교육과정-수업-평가-기록이 일체화되기 위해서는 주제가 교육과정뿐만 아니라 수업-평가-기록에까지 지속적으로 반영될 수 있도록 해야 한다.

주제는 주제 중심 재구성이라는 행정적 문서를 만들기 위해서 선정하는 것이 아니라, 학생들의 삶을 반영한 학생 맞춤형 교육이 되기 위하여 선정하는 것이다. 하지만 주제 중심 교육과정 재구성의 일반적인 현장 실태는 계획 단계인 교육과정 재구성 과정에만 많은 에너지를 쏟아붓고 실행 단계인 수업과 평가 단계에서는 주제가 흐지부지되어 버리는 경우가 많다. 예를 들어 다문화를 주제로 교육과정을 재구성하는 경우 다문화와 관련된 성취기준을 선정하고, 이를 위한 수업 계획을 수립하는 재구성표 제작 과정에만 신경을 쓰고, 실행 단계인 수업과 평가 과정에서는 다문화의 가치가 결여되는 경우가 많다는 것이다.

이와 같이 주제가 수업과 평가에 반영되지 못하여 주제에 대한 배움이 일어나지 않는 교육과정 운영은 일체화라는 단어를 붙일 수 없다.

[표 3-14] 주제가 수업-평가-기록에 연계되지 않은 경우

주제 중심 교육과정 재구성에서 교육과정-수업-평가-기록 일체화를 논할 때는 선정된 주제가 교육과정 재구성에만 쓰이는 것이 아니라 수업과 평가에서도 지속되어 기록에까지 반영될 수 있도록 하는 것이 필요하다. 예를 들어 학교 폭력이 많이 일어나는 학급에서 '인성'을 교육과정의 주제로 정하였다면, 인성을 주제로 성취기준을 재조합하는 교육과정 재구성 표를 만들고, 인성이 반영된 수업 디자인과 평가 설계가 필요하다.

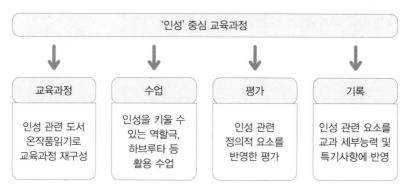

[표 3-15] '인성'이 교육과정-수업-평가-기록에 연계된 사례

　실제 필자가 다문화 교육과정 정책 연구학교를 운영하였을 때 다문화를 주제로 교육과정 재구성 과정에만 신경을 썼던 1차년도보다 다문화의 가치를 담은 수업 디자인과 평가 자료까지 함께 개발하고 실천하였던 2차년도에서 학생들의 다문화 감수성 신장 효과가 훨씬 높았던 경험이 있다. 이와 같이 주제 중심 교육과정 운영에서 교육과정-수업-평가-기록이 일체화되기 위해서는 주제를 중심으로 교육과정을 재구성하는 데서 끝나는 것이 아니라, 주제가 수업에 어떻게 반영되고, 이를 평가에서 어떻게 확인하고 기록하는지까지 전체 과정에 대한 고민과 설계, 실행이 필요하다.

[표 3-16] 주제가 교육과정-수업-평가-기록에 연계

주제 중심 교육과정-수업-평가-기록 일체화 사례

실제 다문화 학생이 다수 재학하는 안산 석수초등학교의 다문화 주제 중심 교육과정 재구성-수업-평가 일체화 사례는 다음과 같다.

• 다문화 주제 중심 교육과정 재구성

다문화 감수성 및 핵심역량 신장을 위하여 다문화 이해, 공감, 체험, 실천의 4가지 주제별 프로젝트 학습을 운영하였다.

❶ T(Together Culture 상호 문화 이해) 세계 광고 만들기 프로젝트

성취기준	수업 계획	평가 계획
[6사07-02] 여러 시각 및 공간 자료를 활용하여 세계 주요 대륙과 대양의 위치 및 범위, 대륙별 주요 나라의 위치와 영토의 특징을 탐색한다. [6사07-04] 의식주 생활에 특색이 있는 나라나 지역의 사례를 조사하고, 이를 바탕으로 하여 인간 생활에 영향을 미치는 여러 자연적·인문적 요인을 탐구한다.	• 1~2차시 : 모둠별 대륙 정하고, 각 대륙 광고 상품 제작 계획 세우기 • 3~4차시 : 도서관 도서, 인터넷 조사 학습을 통한 각 대륙의 주요한 특징 조사하기(1차 평가 및 피드백 : 모둠별 조사 자료의 각 나라 특징 확인 및 피드백) • 5차시 : 광고 상품 내용 수정 및 보완 • 6~7차시 : 광고 상품 제작 • 8~9차시 : 광고 상품 월드카페 발표 • 10차시 : 모둠별 각 대륙 특징 브레인스토밍 포스트잇 나무 만들기	• 수행평가 (프로젝트법, 관찰평가) • 평가 내용 지구촌 여행 광고 상품 제작 과정 프로젝트 평가

❷ E(Emotion Share, 마음 나눔) 다문화 온작품읽기 프로젝트

성취기준	수업 계획	평가 계획
[6국05-02] 작품 속 세계와 현실 세계를 비교하며 작품을 감상한다. [6국05-05] 작품에 대한 이해와 감상을 바탕으로 하여 다른 사람과 적극적으로 소통한다. [6국05-06] 작품에서 얻은 깨달음을 바탕으로 하여 바람직한 삶의 가치를 내면화하는 태도를 지닌다.	• 1~6차시 : 『완득이』 독서 후 모둠, 전체 질문 하브루타 수업하기, 『완득이』 등장인물에게 편지 쓰기 활동하기 • 7~8차시 : 한국 학생(내가 갖고 있는 다른 나라에 대한 편견), 다문화 학생(내가 갖고 있는 한국에 대한 편견) 상호 편견 글쓰고 공유하기 • 9~10차시 : 차별과 편견을 버리기 위한 우리 반 약속 선언문 만들기	• 수행평가 (관찰평가, 정의적 평가) • 평가 내용 지구촌 여행 광고 상품 제작 과정 프로젝트 평가

❸ A(Action Culture, 상호 문화 체험) 한국&다문화 콜라보 축제 프로젝트

성취기준	수업 계획	평가 계획
[6음02-02] 다양한 문화권의 음악을 듣고 음악의 특징에 대해 발표한다. [6체04-02] 세계 여러 나라 민속 표현의 고유한 특징을 효과적으로 표현하는 데 적합한 기본 동작을 적용한다. [6체04-01] 세계 여러 나라의 전통적인 민속 표현의 종류와 특징을 탐색한다. [6실02-02] 성장기에 필요한 간식의 중요성을 이해하고 간식을 선택하거나 만들어 먹을 수 있으며 이때 식생활 예절을 적용한다.	• 1차시 : 학급의 다문화 친구의 민속 음악과 악기 체험하기 • 2~3차시 : 학급의 다문화 친구의 민속 음악을 한국 음악과 비교하며 불러 보기(다문화 친구의 모국 국가나 민속 음악 체험) • 4~5차시 : 세계 여러 나라의 민속춤 배우고 모둠별 댄스 배틀하기 • 6~7차시 : 한국과 외국의 전통놀이 체험을 통한 한국 문화 체험하기(윷놀이, 제기차기 등) • 8~9차시 : 한국 민속 음식과 외국의 민속 음식을 만들며 서로의 문화 이해하기 • 10~12차시 : 다문화&한국 문화 체험 축제 열기(코너 활동을 통하여 여러 나라의 의상 문화, 음식 문화, 놀이 문화, 생활용품을 체험해 볼 수 있다.)	• 수행평가 (관찰평가, 정의적 평가) • 평가 내용 – 음악 : 다문화 악기와 노래 수업 참여도 및 우리나라와 비교한 특징 발표(자기·동료평가) – 체육 : 세계 민속 춤 동작 실기 평가 – 실과 : 간식 만드는 활동과 식사 예절 지키는 활동 실습 평가

❹ M(Multiculture competency, 다문화 역량 키움) 다문화 공익 광고 만들기 프로젝트

성취기준	수업 계획	평가 계획
[6미02-03] 다양한 자료를 활용하여 아이디어와 관련된 표현 내용을 구체화할 수 있다. [6도02-02] 다양한 갈등을 평화적으로 해결하는 것의 중요성과 방법을 알고, 평화적으로 갈등을 해결하려는 의지를 기른다. [6국01-02] 의견을 제시하고 함께 조정하며 토의한다. [6국01-05] 매체 자료를 활용하여 내용을 효과적으로 발표한다.	• 1~2차시 : 일상생활에서 겪을 수 있는 다문화 인권 침해 상황을 만화로 표현하기 → [6미02-03] 성취기준 평가 • 3~4차시 : 일상생활에서 겪을 수 있는 다문화 인권 침해 상황을 알아보고 해결 방법 찾아보기 • 5~6차시 : 다양한 내용 조직 방법을 활용하여 다문화 사회 공익 광고의 대본 쓰기(공익 광고 대본 점검을 통한 갈등 상황 해결 내용 점검 및 피드백) → [6도02-02], [6국01-02] 성취기준 평가 • 7차시 : 모둠별 알맞은 매체를 활용하여 다문화 사회 공익 광고 발표 준비 계획 세우기 • 8~9차시 : 모둠별 공익 광고 제작 • 10차시 : 공익 광고 발표 → [6국01-05] 성취기준 평가	• 평가 방법 수행평가(프로젝트, 토의·토론, 관찰평가) • 평가 내용 각 활동 주제별 연계된 성취기준 수행평가 실시

• 다문화 주제가 녹아든 수업 디자인

다문화의 가치가 수업에서도 깊숙이 녹아들 수 있도록 다음과 같이 수업을 구성하였다. 다문화 주제 중심 재구성 교육과정의 모든 수업에서 일반 학생은 다문화 감수성과 핵심역량을 키울 수 있는 배움 포인트를 설정하였고, 다문화 학생은 자아존중감과 핵심역량을 키울 수 있는 배움 포인트를 설정하여 수업을 구성하였다. 이를 바탕으로 주제를 중심으로 교육과정과 수업이 일체화될 수 있었다.

프로젝트	다문화 사회 공익 광고 만들기		수업 주제	공익 광고 발표하기	
성취기준	[6도02-02] 다양한 갈등을 평화적으로 해결하는 것의 중요성과 방법을 알고, 평화적으로 갈등을 해결하려는 의지를 기른다.			T 상호 문화 이해	E 마음 나눔
배움 목표	[6국01-05] 매체 자료를 활용하여 내용을 효과적으로 발표한다.			A 상호 문화 체험	M 다문화 실천
일반 학생 배움 포인트 →	다문화 감수성	다양한 다문화 차별 상황 공익 광고를 발표하고 의견을 나누며 다문화 감수성 신장			
다문화 학생 배움 포인트 →	핵심 역량	공익 광고 영상을 창의적으로 제작하고 발표하며, 공유하는 활동을 통하여 창의적 사고, 의사소통, 공동체 역량을 신장시킬 수 있다.			
	자아 존중감	다문화 사람들이 현대 사회에서 가지는 장점을 이야기해 보면서 자아 존중감 향상			
핵심역량	창의적 사고	심미적 감성	의사소통	공동체	자기관리	지식정보처리
	◯		◯	◯		

교수 · 학습활동	자료
◎ 학습 동기 유발하기 – 이번 프로젝트를 진행하며 찍어 두었던 사진들을 보여주며 결과물에 대한 기대치를 높인다. ◎ 학습목표 제시 – 동영상 자료를 활용하여 효과적으로 공익 광고를 발표할 수 있다.	프로젝트를 진행하며 찍어 두었던 사진
◎ 공익 광고 발표 시사회 – 광고 감상 전 각 모둠장(감독)은 모둠별 광고 주제와 만든 의도, 만들면서 있었던 에피소드 등을 이야기한다. – 광고 감상 후 각 모둠원은 광고를 만든 후 소감을 이야기해 본다. ◎ 공익 광고 발표를 보고 주제와 느낀 점 적어 보기 – 친구들의 작품을 집중하여 보고 모둠별 작품 의도와 칭찬하고 싶은 점, 흥미로운 점, 아쉬운 점을 찾아본다. ◎ 프로젝트를 마치며… – 긴 프로젝트를 마치며 그동안 열심히 참여했던 활동들을 다시 한번 떠올리고 많은 순간들 속의 나의 모습을 칭찬하고 반성해 본다. – 프리즘 카드와 포스트잇을 이용하여 소감을 자유롭게 발표할 수 있다.	

◎ 개인별로 이 수업을 통해 알게 된 것과 앞으로 다문화 인권 침해 상황에서의 다짐 나누기 – 나뭇잎 모양의 포스트잇을 활용하여 반 전체의 약속나무를 만든다. ◎ 프로젝트 총평 – 그동안 프로젝트를 진행하며 선생님이 느낀 점을 이야기해 보고 아이들과의 대화를 통해 좋은 추억으로 만들 수 있도록 한다.	약속나무

• 주제와 평가의 연계

주제 중심 재구성 교육과정을 운영하는 경우 주제를 실제 수업에서 실천하는 경우는 많지만, 주제에 대한 가치가 형성되고 있는지 평가까지 연계하여 운영하는 경우는 드물다. 주제 중심 교육과정 설계 시 주제를 중심으로 교육과정 재구성-수업-평가가 일체화되기 위해서는 주제에 대한 가치 형성과 학습 요소들이 각 수업에서 제대로 내면화되고 있는지에 대한 배움을 확인하는 평가 장면도 함께 계획되고 실천되어야 한다. 다음은 다문화 주제 중심 재구성 교육과정에서 다문화에 대한 가치 형성에 대한 배움을 확인하는 수행평가 과제와 이에 대한 평가 기준을 설정한 예시이다.

❶ 수행평가 설계

교과	학년-학기	평가 방법
국어, 도덕	6-1	수행평가(프로젝트법)

프로젝트	다문화 사회 공익 광고 만들기
성취기준	[6국01-05] 매체 자료를 활용하여 내용을 효과적으로 발표한다. [6도02-02] 다양한 갈등을 평화적으로 해결하는 것의 중요성과 방법을 알고, 평화적으로 갈등을 해결하려는 의지를 기른다.
평가 요소	다문화 시대 갈등 상황을 평화적으로 해결하는 광고 자료를 제작하고 매체를 사용하여 효과적으로 발표하는 장면 평가

❷ 수행과제

다문화 차별 반대 공익 광고 발표회

수행과제 안내

① 광고 대사 제작 : 앞 차시에서 제작한 다문화 차별 만화를 바탕으로 공익 광
고 대사를 제작하세요(대사에는 다문화 갈등 상황과 해결 장면이 꼭 포함되어
있어야 합니다).

② 대사를 바탕으로 다문화 차별 반대 공익 광고를 제작하세요.

③ 모둠 광고 감상 후 다문화 사회에서 있을 수 있는 갈등 장면에서 나의 태도를
쓰고 생각나무에 붙이세요.

❸ 평가 기준

평가 내용	다문화 공익 광고 내용 구성	다문화 공익 광고 발표
상	실제 생활에서 있을 수 있는 소재를 선택하여 다문화 차별 상황을 표현하였으며, 알맞은 해결 방안이 제시된 경우	동영상 매체 자료를 효과적으로 활용하여 듣는 이가 이해하기 쉽고 흥미를 가지도록 발표한 경우
중	다문화 차별 상황과 관련된 주제가 잘 전달되고, 알맞은 해결 방안이 제시된 경우	동영상 매체 자료를 활용하여 듣는 이가 이해하기 쉽게 발표한 경우
하	다문화 차별 상황과 관련된 주제가 잘 전달되었으나, 알맞은 해결 방한 제시는 다소 미흡한 경우	동영상 매체 자료를 사용하여 발표한 경우

다문화 캠페인 프로젝트

대륙 여행 가이드 프로젝트

지구촌 전문가 프로젝트

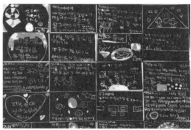

다문화 마음 공감 프로젝트

문화 융합 프로젝트

세계 에티켓 프로젝트

학교별&교사별 교육과정-수업-평가-기록

교육과정 자율화 및 특색화의 흐름에 따라 학교 및 지역별 학생의 특성에 맞춘 개별화된 교육과정 운영을 강조하고 있다. 이에 따라 교사별 평가, 교사별 교육과정과 같이 교사마다 특색 있는 교육과정과 수업, 평가의 운영을 강조하고 있다. 이러한 교사별 교육과정 운영은 교육과정-수업-평가-기록 일체화를 실천하는 과정에서 얻을 수 있는 자연스러운 결과물이다.

일체화를 위해서 교육과정을 재구성하는 과정에서 교사별 교육과정 운영 계획이 수립되며, 계획에 의하여 수업과 평가가 이루어지는 실천 과정에서 학생의 삶을 반영한 교사별 개별화된 수업과 교사별 평가가 이루어질 수 있다. 교사별 평가가 이루어지면 교사별 특색 있는 기록이 가능해진다. 결국 교육과정-수업-평가-기록 일체화의 실천은 교사별 교육과정, 교사별 수업, 교사별 평가-기록으로 이어지는 결과물을 만들어 낼 수 있다. 반대의 관점으로 교사별 교육과정과 교사별 평가, 교사별 수업 디자인은 교육과정-수업-평가-기록 일체화가 일어나기 위한 기본 조건이기도 하다.

　여기서 중요한 것은 '교사별'이라는 단어이다. 정책적으로 교사별 교육과정이나 교사별 평가가 많이 쓰이고 있다. 하지만 교사마다 제각각의 교육과정, 평가 도구들을 만들어서 실천하는 의미를 담고 있는 '교사별'이 붙은 정책들은 또 하나의 탁상공론이 될 수 있으며, 교육과정-수업-평가-기록 일체화 실천을 위해서 적절하지 못한 단어가 될 수도 있다.

　교사별 교육과정, 교사별 평가 등의 정책은 교사의 노력에 대한 의존도가 큰 정책이다. 하지만 모든 교사가 자신만의 교육과정과 수업, 평가를 만들어 내고 실천하는 것은 현실적으로 쉬운 일이 아니다. 이러한 현실적인 어려움 때문에 학교마다 전문적 교사 학습공동체의 역할을 강조하고 있다.

　전문적 교사 학습공동체에서 학교 학생들의 실태를 동 학년 및 동 교과 교사들이 함께 분석하고, 공동의 교육과정 재구성 주제를 선정한다. 이에 따라 공동의 수업 자료와 수업 노하우도 함께 논의하면서 공동 수업안 개발이 이루어지고, 성취기준에 대한 도달도를 수업 과정에서 함께 확인할 수 있는 평가 자료를 공유하기도 한다. 기록 또한 성취기준의 재구조화 과정에서 그 학교만의 기록 대상이 공동으로 형성되고, 가정통지에 포함되는 요소들이 공통적으로 정해진다. 이와 같이 동 학년이나 동 교과 교사들이 함께 교육과정을 고민하고 공동 수업안을 만들고 평가 자료, 기록이 담길 공동의 가정통지 양식을 개발한다면 교육과정-

수업-평가-기록 일체화의 실현 가능성은 훨씬 높아질 수 있다.

물론 세부적인 교육과정 운영에서는 교사별 관점이 들어간 교육과정 운영 계획이나 수업, 평가, 기록이 이루어지겠지만, 교육과정 재구성과 수업, 평가, 기록 운영의 기본 골격은 동 학년·동 교과 단위 교사 학습 공동체 단위에서 계획하고 실천하는 것이 효율적이고 현실적이다.

따라서 교사별이라는 단어보다는 학교 단위 전문적 교사 학습공동체의 역할을 적극 활용하는 '학교 단위'의 의미가 함께 포함된 교육과정, 수업, 평가 관련 정책이 필요하다. 교사별만을 강조하면 일체화의 실현 가능성은 멀어진다. 교사별과 학교별의 적절한 조합을 함께 강조하는 정책이 교육과정-수업-평가-기록 일체화의 실현 가능성을 높여 줄 수 있다.

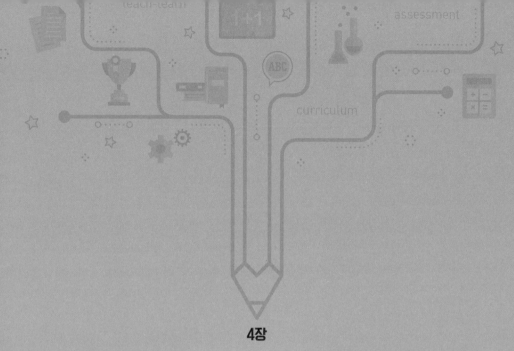

4장

과정중심평가,
논란에 마침표 찍기

교육과정을 알면 과정중심평가가 보인다

과정중심평가의 탄생 배경

과정중심평가가 나오게 된 이유는 평가 패러다임 변화와 역량 기반 교육과정의 2가지 측면에서 살펴볼 수 있다.

　우선 평가 패러다임의 변화로 인해 과정중심평가의 필요성이 대두되었다. 학생들을 선발하고 분류하는 선발적 평가관에서는 결과중심평가 방식이 큰 문제가 없었다. 하지만 학생의 성장과 발달을 위한 발달적 평가관으로 변화하면서 새로운 평가 방식이 필요해졌다. 학습이 다 끝난 지점에서 학습 결과에 대해 평가하는 결과중심평가 방식은 학생의 성장과 발달을 지원하는 평가의 역할과 맞지 않는 부분이 많았기 때문이다. 따라서 학습을 지원하고, 학습으로서의 역할을 할 수 있는 발달적 평가 패러다임에 적합한 평가 방식이 바로 과정중심평가인 것이다.

교육과정에서도 과정중심평가의 탄생 배경을 살펴볼 수 있다. 2015 개정 교육과정 총론 문서에 직접적으로 "과정을 중시하는 평가를 강화한다."는 문구가 언급되었는데, 이 문구가 바로 과정중심평가를 의미하는 것이다. 과정중심평가가 2015 개정 교육과정 공식 문서에 등장한 이유는 개정 교육과정의 특징과 밀접한 관련이 있다.

2015 개정 교육과정은 '역량'이라는 화두를 처음 제시한 교육과정이다. 교육과정 총론에 6가지 핵심역량이 선정되어 있으며, 이는 각 교과 역량을 바탕으로 만들어진다. 교과 역량은 성취기준에 대한 이해가 밑바탕이 되어 만들어지는데, 이때 이해는 블룸(B. Bloom)의 6가지 인지적 목표에서 의미하는 단순 알아듣는 수준으로서의 의미가 아닌, 성취기준에 대한 지식적인 요소를 다른 맥락에서도 적용하고 활용할 수 있는 수준의 이해를 의미한다. 결국 역량은 성취기준을 구성하고 있는 지식·기능·태도가 융합되어 실제적 맥락 및 학습했던 상황과 다른 맥락에서 수행으로서 드러낼 수 있어야 하는 성격을 갖고 있다.

이러한 역량은 학습이 종료된 시점에서 시험지 형식의 구조화된 선택형·단답형 문항들로 평가할 수 있는 성격의 것이 아니다. 역량이 형성되는 과정에서 역량을 구성하고 있는 지식이나 기능 등의 형성 여부를 점검하고, 피드백하는 절차가 필요하다. 또한 역량을 드러내고 확인할 수 있는 수행 장면도 요구된다. 이러한 절차들은 수업이 다 끝난 뒤 학습 결과를 최종적으로 확인하는 단계에서 이루어지는 것이 아닌, 학습이 이루어지는 과정인 수업 중에 이루어져야 한다. 결국 역량을 키우고 평가하는 데 꼭 필요한 평가 방식이 과정중심평가인 것이다.

교육과정 문해력으로 본 과정중심평가의 정의와 특징

과정중심평가의 정의와 특징을 교육과정 문해력의 관점에서 살펴보면 과정중심평가가 무엇을 강조하는지 명확히 확인할 수 있다.

· 정의

교육과정 성취기준에 기반한 평가 계획에 따라 교수·학습 과정에서 학생의 변화와 성장에 대한 자료를 다각적으로 수집하여 적절한 피드백을 제공하는 평가

· 특징

성취기준에 기반을 둔 평가	수업 중에 이루어지는 평가
수행 과정의 평가	지식·기능·태도를 아우르는 종합적인 평가
다양한 평가 방법의 활용	학습자의 발달을 위한 평가 결과의 활용

(출처 : 한국교육과정평가원 연구자료 ORM 2017-19-1)

· 왜 성취기준에 기반을 둔 평가인가

교사들은 성취기준을 중심으로 평가 계획을 수립하고, 평가 도구 및 과제를 개발한다. 그 이유는 성취기준에 대한 특징을 살펴보면 명확히 드러난다. 성취기준은 교과 학습을 통해 학생들이 알아야 하고(지식), 할 수 있어야 하는 것(기능)을 의미한다. 학생들이 무엇을 할 수 있어야 하는지 수행의 용어로 제시되어 있다. 또한 성취기준은 학습 결과로서 교

과 학습 후 학생들이 도달해야 할 지점을 의미하며, 평가 기준의 근거가 된다(2015 개정 교육과정 총론 해설서). 성취기준은 학생들이 꼭 알고 있어야 할 것과 할 수 있어야 할 것을 제시한 도달점의 성격을 갖고 있기 때문에 성취기준을 중심으로 평가가 이루어지는 것은 당연하며, 성취기준 도달도를 확인하는 평가와 피드백을 통하여 역량 형성의 기반을 닦는 과정으로 볼 수 있다. 또한 교육과정이 만들어진 원리를 알면 성취기준을 기반으로 평가를 해야 하는 이유가 명확해진다. 다음의 평가 문항은 과거의 교육과정에서는 크게 문제될 것이 없었다.

1. 신라의 삼국 통일 과정에서 가장 먼저 일어난 일은?
① 고구려가 멸망하였다.
② 백제가 멸망하였다.
③ 당나라와 신라가 연합을 하였다.
④ 백제와 황산벌 전투에서 승리하였다.
⑤ 신라가 한반도에서 당나라를 몰아내었다.

이 문항의 학습 요소에 해당하는 성취기준은 "[역6013] 역사 지도와 인물 이야기를 통해 고구려, 백제, 신라의 발전 과정을 설명할 수 있다." 이다. 하지만 위 문항은 성취기준에 대한 극히 일부 지식적인 요소만을 묻고 있어 성취기준 전체에 대한 도달도를 확인할 수 없다. 이와 같은 문항이 인정될 수 있느냐 없느냐는 교육과정과 관련이 있다. 과거 성취기준이 포함되기 이전의 교육과정은 다음과 같이 단순 지식들이 위계 없는 병렬형으로 구성되었다.

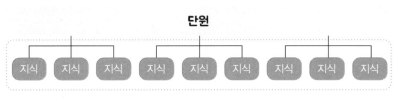

[표 4-1] 성취기준이 포함되기 이전의 교육과정

따라서 평가 또한 위계 없이 많은 지식들을 빠짐없이 최대한 많이 평가하는 방식이 타당도 높은 평가로 인정받았다. 하지만 성취기준이 교육과정에 들어오고, 교과 설계 방식이 성취기준을 중심으로 설계되면서 교과서에 숨어 있는 세세한 지식들의 암기 여부를 묻는 평가 문항은 교육과정 성취기준 도달도를 확인하는 데 맞지 않는 평가가 되어 버렸다.

[표 4-2] 성취기준이 포함된 교육과정

이제는 성취기준 단위로 꼭 필요한 지식을 어떻게 수행하는지를 확인하는 평가가 최근 교육과정에 맞는 평가 방식이라 볼 수 있다.

- • 왜 수업 중에 다양한 평가 방법을 활용해 평가해야 하는가

과정중심평가의 특징 중 수행 과정의 평가, 수업 중에 이루어지는 평가, 다양한 평가 방법의 활용, 지식·기능·태도를 아우르는 종합적인 평가는 핵심역량과 밀접한 관련이 있다. 핵심역량은 지식·기능·태도가 종합적으로 어우러져 수행으로서 드러내는 성격을 갖고 있기에, 이를 위하여 다양한 평가 방법이 필요하다.

또한 수행 과정을 주요한 평가 장면으로 선정해야 핵심역량의 형성 과정을 확인할 수 있다. 이를 위해 수업이 모두 끝난 시점이 아닌 성취기준에 대한 이해를 수행으로 드러내는 수업 중에 평가가 이루어지는 것이 필요하다.

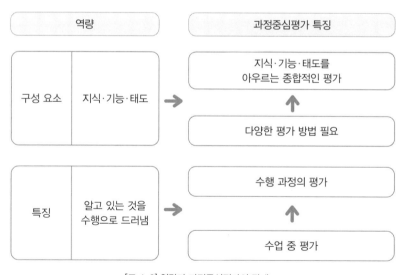

[표 4-3] 역량과 과정중심평가의 관계

• 피드백을 통한 학습자의 발달을 위한 평가 결과 활용

학습자의 발달을 위해서 평가 결과를 활용한다는 것은 발달적 평가관의 목적인 평가가 학생의 성장과 발달을 위하여 쓰이는 것을 의미한다. 이를 위해서 피드백의 활용이 중요하다. 과거와 같이 학습 결과를 보고 진단적 피드백을 하는 것을 넘어서서 수행 과정 중 학생의 학습 도달도를 확인하고, 부족한 점을 즉각적으로 처방해 주는 처방적 피드백의 활용이 필요하다.

과정중심평가를 위해서 버려야 할 것

과정중심평가를 실천하기 위해서는 평가에 대한 고정관념에서 벗어나야 한다. 교사들이 갖고 있는 평가에 대한 고정관념은 다음과 같다.

- 100점 만점 점수 부여
- 20~25문제
- 시험 보는 장면에서 도움 금지
- 기회는 한 번뿐
- 평가시수 배정(40분 평가)
- 평가 따로 수업 따로

선발적 평가관에서는 많은 학생들을 서열화하고 분류하는 목적 때문

에 100점 만점 방식의 점수 체제가 필요했다. 하지만 발달적 평가관에서는 0~100점의 큰 점수 폭이 필요 없다. 교사가 정한 평가 기준에서 학생의 수준이 어느 정도인지 확인할 수 있는 정도면 되는 것이다.

평가 장면에서도 선발적 평가관에 의한 결과중심평가에서는 교사나 학생 간 서로 도움을 주고받는 것은 금기시되었다. 하지만 발달적 평가관에 의한 평가에서는 교사나 학생들이 서로 도움을 주고받으며 평가 장면에서도 성장과 발달의 기회를 얻을 수 있다.

또한 과거 교육과정에서는 세세한 지식을 묻기 위해서 많은 평가 문항 수가 필요했지만, 최근 교육과정에서는 핵심 개념을 중심으로 성취기준 도달도를 확인할 수 있는 타당도 높은 수행과제 몇 개면 충분하다.

교육과정 설계 시에도 평가와 수업을 따로 분류하여 평가일에 시수를 따로 배정하는 것보다는 수업의 연속선상에서 평가가 함께 이루어질 수 있도록 교육과정을 설계하는 것이 필요하다.

과정중심평가, 평가 백화점?

누가 과정중심평가를 평가 백화점으로 만들어 놓았는가

과정중심평가가 역량 기반 교육과정에 적합한 평가 방법이며, 학생들의 성장과 발달을 위하여 필요하다는 것은 누구나 인정하는 사항이다. 하지만 과정중심평가가 교육 현장에 들어오면서 현장의 평가는 많은 혼란과 시행착오에 빠졌다. 학생들에게 꼭 필요하고, 교사들도 그 취지를 공감하는 좋은 정책인데 현장은 왜 혼란스러워할까?

과정중심평가 관련 문서 및 각종 연수 자료를 기반으로 과정중심평가와 관련된 기존 평가 이론들을 다음과 같이 정리할 수 있다.

- 진단평가 + 형성평가 + 총괄평가
- 과정 평가 + 결과 평가

• 수행평가 + 지필평가

역량 기반 교육과정인 2015 개정 교육과정과 발달적 평가관이라는 큰 흐름에 의하여 정책으로 탄생한 과정중심평가가 평가 이론 틀에 분석되면서 평가 백화점이 되어 버린 것이다. 이러한 분석으로 현장에서는 과거 평가들과 과정중심평가 사이에 혼동이 일어나기 시작했다.

과정중심평가로 인한 현장의 혼돈

평가 이론 및 기존 평가 방법들에 의한 과정중심평가 분석은 현장에 다음과 같은 부작용을 양산하였다.

• 사례 1. 과정중심평가가 예전의 형성평가와 총괄평가를 모두 포괄한다고 하고 있네. 형성평가와 총괄평가는 원래 중요했던 거였는데, 뭐가 달라진 거지? 그냥 예전 평가 그대로 하면 되겠구나!

• 사례 2. "수행평가만이 과정중심평가는 아니다. 지필평가도 과정중심평가로 활용될 수 있다." 그럼 지필평가를 잘 활용해서 과정중심평가로 하면 되겠구나!

• 사례 3. 과정중심평가 연수에서 총괄평가는 여전히 중요하다고

하니까 수행평가 중심으로 과정에서 평가를 하고, 과정이 끝난 뒤에 또 예전처럼 총괄평가를 해야 하나 보다!

- 사례 4. 수행평가를 원래 의도하는 바대로 시행하면 과정중심평가의 방향성을 담을 수 있다고 하네! 그럼, 수행평가를 열심히 하면 과정중심평가를 실천할 수 있겠구나.

사례 1은 과정중심평가가 형성평가와 총괄평가 모두를 포함한 평가라는 의미를 잘못 해석하여, 이전과 같이 수업 중 형성평가를 하고, 수업 종료 후 성취기준을 모아서 총괄평가를 그대로 실시하는 경우이다. 이경우 수업 종료 시점에 오늘 학습한 내용에 대한 암기 혹은 이해 여부에 대한 쪽지 시험 형태의 형성평가를 실시한다. 그리고 일정 기간 진도를 나간 성취기준을 모아 한날 지필평가 방식으로 성취기준 중 지식에 대한 부분을 암기하고 이해했는지만을 평가한다. 이를 통해서는 성취기준 도달도를 확인할 수 없다.

사례 2는 과정중심평가를 수행평가만이 아닌 지필평가도 가능하다고 설명하고 있다. 이는 인지적 요소 중 지식·이해의 요소가 강한 성취기준에서 지필형 문항을 과정중심평가의 도구로 수업 과정 중 활용할 수 있는 한정적인 경우에 해당되는 설명이다. 하지만 교육 현장에서는 아직도 지필평가를 중간고사로 생각하는 분들이 많다. 이러한 설명에 의하여 과정중심평가는 지필평가를 활용해도 되는구나 생각하고 시험지를 출력하여 평소보다 횟수를 늘려 평가하는 방식으로 잘못 실천하고 있는 경우가 꽤 많이 있었다.

사례 3은 과정중심평가를 너무 기계적으로 받아들인 경우이다. "[6국 01-03] 절차와 규칙을 지키고 근거를 제시하며 토론한다." 수업 과정 중에서 성취기준 도달도를 충분히 확인하고 평가할 수 있는데, 총괄평가가 여전히 중요시된다는 말을 모든 성취기준에 적용하여 성취기준 도달도를 수업 시간에 확인하였는데도 수업이 종료된 지점에 또 평가를 실시하는 경우이다.

사례 4는 수행평가를 하면 과정중심평가를 한다고 착각하는 경우이다. 성취기준에 대한 수업이 종료된 지점에서 학생의 성취수준을 확인하기 위하여 수행평가 방법을 활용하는 경우 과정중심평가의 취지를 살린 평가라 볼 수 없다. 과정중심평가는 성취기준이 만들어지는 과정에서 평가를 실시하고, 학생의 성취수준을 진단·보정하는 시스템이 필요하다. 단순 성취수준 확인을 위하여 수행평가 방법만을 활용하는 것은 과정중심평가라 할 수 없다.

더 심각한 경우는 단순 시험지 형태로 수행평가지를 만들어서 수업 진도가 다 나간 뒤 단원평가로 수행평가를 보는 경우 이름만 수행평가인 또 다른 중간·기말고사가 되어 버리는 것이다. 이는 과정중심평가와는 거리가 먼 평가방식이다.

학교 현장에서 이러한 혼란이 생기고 있는 이유는 과정중심평가를 기존의 평가 방법으로 설명하고 있기 때문이다. 기존 평가 방법을 버리지 못하고 새로운 평가를 시도하거나, 잘못 사용되었던 기존의 평가 방법을 과정중심평가 설명에서 언급되었다는 이유로 여과 없이 그대로 사용하는 문제점들이 곳곳에서 일어나고 있다. 이와 같이 과정중심평가를 기존 평가 방법으로 설명하면 평가 백화점이 되어 버려 학교 현장의 교사들은 이것도 해야 하고 저것도 해야 하는 혼란만 가중시키는 부작용을 야기시킨다.

과정중심평가는 과거의 평가들과 성격이 다르다. 과거 평가들은 평가 자체만의 이론으로도 충분히 설명이 가능했다. 하지만 과정중심평가는 수업의 설계이며, 교육과정 재구성이 뒷받침되어야 한다. 즉, 과정중심평가는 기존 평가 이론 틀에 의한 설명이 아닌 교육과정과 수업 설계 관점에서 다루어야 한다.

과정중심평가, 평가 백화점을 버리자

과거에는 평가는 평가, 수업은 수업이라는 이분법적 구분이 일반적이었다. 하지만 과정중심평가가 도입되면서 수업과 평가의 구분이 모호해졌다. 과정중심평가를 충실히 하면 수업과 평가는 일체화된다. 꼭 교육과정-수업-평가 일체화라는 흐름 때문만이 아니라 수업과 평가가 일체화되는 것은 학생들의 올바른 성장을 위한 교육의 바람직한 방향이라 볼 수 있다.

　또한 역량 기반 교육과정이 도입되면서 지식·기능·태도를 종합하여 실제적인 맥락에서 수행으로 드러내는 교육이 강조되고 있다. 수행으로 드러내는 장면은 수업이면서 동시에 평가이며, 과정중심평가의 이상적인 방향으로 볼 수 있다. 구체적으로 2015 개정 교육과정의 이론적 근간을 이루고 있는 이해중심 교육과정은 평가 설계가 교육과정의 핵심이라고 봐도 틀린 말이 아니다.

　이와 같이 역량 기반 교육과정의 흐름에서 평가는 수업으로서의 역할이 부여되고, 교육과정의 중요한 축이 되고 있다. 이러한 최근의 교육 패러다임에서 과정중심평가를 평가의 틀 안에서만 논의하는 것은 바람직하지 않다. 이는 수업과 교육과정 속으로 과정중심평가를 융화하는 데 오히려 방해 요인이 될 수도 있다. 이런 상태에서 아직도 과정중심평가를 기존의 형성평가·총괄평가·지필평가·수행평가로 구분하여 현장의 평가가 기형적인 형태가 되어 버렸다.

　과정중심평가는 수업 디자인과 교육과정 설계 방식으로 설명하면 개념이 명확해질 수 있다. 또한 기존 평가와의 혼동을 없앨 수 있다. 과정중심평가는 넓은 관점에서 보면 평가 설계보다는 성취기준에 대한 배움형성과 배움 확인, 피드백의 관점을 모두 담은 수업 설계에 더 가깝다. 이러한 관점에 의하여 과정중심평가만의 평가 설계 방식과 핵심을 강조한 설명이 필요하다.

과정중심평가, 포인트는 이거다

과정중심평가, '과정'의 용어 정의

과정중심평가는 '과정'이 중심이 되는 평가이다. 과정중심평가가 정책으로 시행되고 학교의 평가 방향으로 자리잡아가고 있지만, 아직도 많은 학교와 교사들이 혼란스러워하고 있다. 가장 큰 이유는 '과정'에 대한 명확한 개념 정의가 세워져 있지 않기 때문이다.

과정을 중시하는 평가를 해야 하는 이유는 학생의 성장과 발달 그리고 역량을 확인하고 키울 수 있는 기회가 과정에 집중되어 있기 때문이다. 예를 들어 "[6국01-02] 의견을 제시하고 함께 조정하며 토의한다." 성취 기준을 결과 중심으로 평가하면 수업이 끝난 도착 지점에서 '토의할 때 지켜야 할 점은 무엇인가?'와 같은 토의에 대한 지식적인 요소밖에 평가할 수 없다. 하지만 역량과 밀접한 관련이 있는 실제 토의 장면에서 드러나는 기능·태도·의사소통 능력 등은 결과 지점이 아닌 수행 과정에서 드러난다.

이뿐 아니라 성취기준의 기능 요소에 해당하는 조정하고 토의하는 요소 등은 결과 지점에서 확인하는 것보다 수업 중 수행 과정에서 확인하는 것이 훨씬 타당도 높은 평가로 이어질 수 있다. 2015 개정 교육과정 성취기준의 경우 수행 요소가 포함되어 있기 때문에 수행 과정이 드러나는 수업 중에 평가가 이루어져야 할 필요성이 있다.

또한 성취기준은 지식, 기능 등 하위 요소들을 기반으로 만들어졌기 때문에 각 하위 요소들의 형성 여부를 학습이 이루어지는 과정에서 확인하고 점검할 필요가 있다. 성취기준 도달을 위해 필요한 요소들을 중간 지점에서 점검하고 피드백할 경우 결과 지점에서 평가하는 것보다 성취기준 도달도가 높아질 수 있기 때문이다.

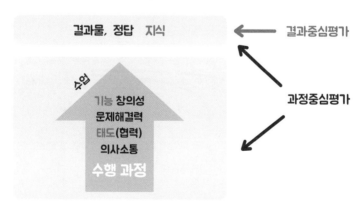

[표 4-4] 과정중심평가의 평가 관점

과정중심평가를 이야기할 때 평가 관점의 변화로 이야기하는 견해도 있다. 이는 최종 결과 지점에만 초점이 맞추어졌던 결과중심평가에서 결과가 나오기까지의 과정에 초점을 맞추어 보자는 의미를 갖고 있다. 그렇다고 과정에만 초점을 맞추자는 것은 아니다. 결과 지점에서의 산출물, 학생의 최종 도달 지점도 과정과 함께 평가해야 한다는 뜻을 갖고 있다.

결국 과정중심평가에서 말하는 과정은 [표 4-4]의 수행 과정이 포함된 큰 화살표 도형 부분을 의미하며, 과정중심평가는 결과와 과정 중에서 과정인 화살표 도형에 중점을 둔 평가라고 볼 수 있다.

과정, 어디서부터 어디까지를 의미하는가

과정중심평가는 [표 4-5]와 같이 결과 지점에서만 이루어졌던 평가를 결과가 만들어지는 과정에도 초점을 맞추는 평가 방식이다.

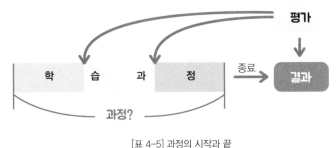

[표 4-5] 과정의 시작과 끝

여기서 중요한 논의 지점이 생긴다. 과정의 시작과 끝을 어디서부터 어디까지로 정할 것이냐의 문제이다. 평가 과제 단위, 수업 단위, 성취기준 단위, 단원 단위, 학기 단위 등 다양한 지점으로 보는 경우가 있었다. 하지만 성취기준에 기반한 평가라는 과정중심평가의 정의와 특징에 따라 과정의 시작과 끝은 성취기준 단위로 보는 것이 일반적이다. 실제 한국교육과정평가원에서 제작한 과정중심평가 자료집을 보면 기본적으로 하나의 성취기준에 평가 과제를 2~3가지로 잡은 것을 확인할 수 있다.

[4수05-01] 실생활 자료를 수집하여 그림 그래프로 나타낼 수 있다.

평가 과제 1. 모둠별로 주제 정하여 자료 조사하기

평가 과제 2. 조사한 자료를 표와 그림 그래프로 나타내기

평가 과제 3. 그림 그래프를 보고 알 수 있는 내용 설명하기

(출처 : 한국교육과정평가원, 과정중심평가 연수 교재)

위와 같이 하나의 성취기준을 기준으로 3가지의 평가 과제가 선정되었고, 이 평가 과제 1, 2, 3은 모두 성취기준이 만들어지는 수업의 연속선상으로도 볼 수 있다. 이와 같이 과정중심평가는 성취기준을 기준으로 과정 중 평가가 필요한 시점에 평가가 이루어지는 것으로 확인할 수 있다. 따라서 평가 설계에서 봤을 때 과정의 시작과 끝은 성취기준 단위로 정하는 것이 일반적이다.

하지만 기록의 관점에서 봤을 때는 과정의 시작과 끝의 범위는 확대될 수 있다. 예를 들어 그림 그래프를 보고 알 수 있는 내용을 설명하는 평

가 과제 3에서 학생의 성취수준이 '하'였으나 교사의 피드백 및 추후 지도를 통한 재평가의 기회에서 학생의 수준이 '중'으로 높아지는 경우도 있을 수 있다. 결국 이 경우 나이스에 기록되는 평가 결과는 '중'이 될 수 있으며, 학생의 성장과 발달이 일어나는 지점은 성취기준에 해당하는 수업 지점일 수도 있지만, 성취기준이 포함된 단원 및 해당 학기까지 범위가 확대될 수도 있다. 실제로 각 교과 동일 영역의 성취기준들이 서로 연관된 내용으로 구성되는 경우가 있기 때문에 해당 성취기준 종료 후 이와 비슷한 내용 요소로 구성된 타 성취기준 학습에서 성취수준이 높아지는 경우도 있다. 이와 같이 평가 기록의 측면에서 봤을 때는 성취기준에 대한 평가가 이루어지고 피드백을 통하여 재평가의 기회를 부여한 시점까지로 볼 수도 있다.

과정의 어느 지점에 몇 번 평가를 투입해야 하는가

과정중심평가는 성취기준 도달 과정에 중점을 두고 평가 설계가 이루어진다. 한국교육과정평가원이나 각 시·도 교육청에서 제작한 과정중심평가 예시 자료를 보면 성취기준 하나당 2~3회의 평가가 이루어지는 경우를 쉽게 확인할 수 있다.

여기서 또 한 가지 논의 지점이 생긴다. 성취기준 하나당 과연 몇 번 평가를 해야 하고, 어느 시점에 평가가 이루어져야 할까? 이 질문에 대한 답이 바로 과정중심평가 설계에 대한 전문성 및 실천, 평가 횟수와 직결된다. 과정중심평가에서 성취기준당 평가가 필요한 횟수는 성취기준의 양적인 성격과 질적인 성격에 따라 결정할 수 있다.

• 성취기준 평가 요소에 따른 평가 횟수 선정

성취기준을 분석하다 보면 평가해야 할 요소가 2가지인 것이 있다. 예를 들어, "[2수02-03] 교실 및 생활 주변에서 여러 가지 물건을 관찰하여 삼각형, 사각형, 원의 모양을 찾고, 그것들을 이용하여 여러 가지 모양을 꾸밀 수 있다." 성취기준의 경우 삼각형, 사각형, 원 모양을 찾아야 하는 평가 요소와 모양을 꾸며야 하는 평가 요소 등 2가지 평가 요소가 포함되어 있다. 따라서 [2수02-03] 성취기준을 과정 중심으로 평가하기 위해서는 모양을 찾는 활동과 모양을 꾸미는 활동에서 평가를 설계해야 한다.

이와 같이 성취기준의 평가 요소를 분석해 보면 성취기준별로 필요한 평가 횟수가 양적으로 분석되며, 이 양적인 평가 요소가 평가 횟수를 결정하는 요소가 된다.

• 성취기준 학습 위계에 따른 평가 횟수 선정

평가 요소가 한 가지인 성취기준도 성취기준 도달을 위하여 중간 지점에서 평가가 필요한 경우가 있다. "[4국03-03] 관심 있는 주제에 대해 자신의 의견이 드러나게 글을 쓴다." 성취기준의 경우 평가해야 할 요소는 글쓰기 요소 한 가지이다. 이에 따라 글쓰기에 대한 수업을 하고, 마지막 장면에서 평가를 설계하는 것도 가능하다. 하지만 글쓰기에 대한 중간 지점에 대한 평가와 이에 대한 피드백이 있을 경우 앞의 경우보다 성취기준 도달도는 훨씬 높아질 수 있다. 자신의 의견이 드러나는 글을 쓰는 최종 수행과제에 대한 평가 설계 전에 글에 대한 주제와 주장, 의견의 개요를 써 보는 중간 과정에 대한 평가가 성취기준 도달 과정 중에 설계되고, 주장과 의견을 바르게 제시하지 못하는 학생을 확인하고 피드백한다면 다음 학습 단계인 글을 쓰는 수행과제를 수월하게 할 수 있는 학생이 많아질 것이다.

이와 같이 평가 요소는 한 가지이지만 성취기준의 학습 위계를 분석하여 학습 위계상 주요 전환 지점에 평가를 투입하여 성취기준 도달도를 높일 수 있는 경우가 있다. 예를 들어 덧셈과 뺄셈에 대한 성취기준도 덧셈 평가 요소 한 가지를 수업이 끝난 지점에서 결과 중심으로 평가할 수도 있지만, 덧셈을 구체물을 통한 덧셈과 수식을 활용한 덧셈으로 학습 위계를 구분하고, 구체물을 통한 덧셈 장면에서 평가가 한 번 더 설계되고 피드백이 함께 이루어진다면 성취기준의 최종 위계인 수와 식을 활용한 덧셈에 대한 성취기준 도달도는 향상될 수 있다.

다른 관점으로 생각하면 성취기준에 도달하는 과정에서 학생들이 낙오될 수 있는 지점, 고비를 넘기기 어려워하는 지점을 평가 투입 시점으로 잡을 수 있다. 앞의 "[4국03-03] 관심 있는 주제에 대해 자신의 의견이 드러나게 글을 쓴다." 성취기준의 경우 글을 쓰기 위한 주장과 의견을 선정하는 지점이 성취기준 도달을 위한 중요 고비점이라 할 수 있다. 이 지점에서 주장과 의견을 정해 보는 평가와 진단·보정 절차가 필요한 것이다. 이와 같은 논의는 결국 이 책의 뒷부분(과정중심평가가 일어나는 수업 모형)에서 다루게 될 계단 수업 설계 방식과도 연결되는 지점이다.

이와 같이 과정중심평가 횟수를 결정하는 요소는 성취기준이 담고 있는 평가 요소와 학습 위계에 따라 결정할 수 있다. 과정중심평가를 위한 평가 횟수는 정해진 것이 아니다. 교사의 교육과정 문해력에 따라 성취기준의 평가 요소와 학습 위계를 분석하여 필요한 평가 장면을 수업의 연속선상에서 실시하면 된다.

과정중심평가는 점이 아니라 선이다

과거 중간·기말고사의 결과중심평가, 단원평가 방식으로 시험지를 출력해서 실시하는 평가는 교육과정 전체의 흐름에서 하나의 점과 같다. 점이라는 표현을 쓴 이유는 평가가 수업의 연속선상에서 학습의 과정으로서 이루어진 것이 아니라, 수업과는 별개로 순수 성취수준 판단을 위한 역할을 하기 때문이다.

[표 4-6] 교육과정 흐름 속 점의 위치를 차지하고 있는 결과중심평가

시각적으로도 결과중심평가는 전체 교육과정 흐름 안에서 수업과는 별개의 영역을 차지하고 있음을 확인할 수 있다.

하지만 과정중심평가는 평가 장면이 교육과정 흐름 안에서 선을 차지하고 있다. 예를 들어 "[6국01-05] 매체 자료를 활용하여 내용을 효과적으로 발표한다." 성취기준의 경우 매체 자료를 활용하여 수업 중 실제 발표하는 장면이 평가 장면이 되는 것이다. 이 평가 장면은 교육과정 안에서 수업의 연속선상에 위치해 수업으로서의 역할도 함께 담당하고 있다. 이와 같이 과정중심평가는 교육과정 안에서 점이 아닌 선으로 그려질 수 있다.

[표 4-7] 교육과정 흐름 속 선의 영역을 차지하고 있는 과정중심평가

과정중심평가 피드백, 하나만 바꾸면 된다

과정중심평가 피드백은 화살표 방향 바꾸기

과정중심평가는 성취기준 종료 지점에서 이루어졌던 평가 방식에서 성취기준 도달 과정에서 평가를 실시하고 부족한 점을 보완해 주어 최종 성취기준 도달도를 높일 수 있는 시스템을 갖고 있다. 성취기준 도달 과정에서 평가를 하고 부족한 점을 보완하는 피드백 과정이 학생의 성장과 발달을 위한 핵심으로 볼 수 있다. 성취기준 도달 과정에서 평가를 하는 이유는 결국 피드백을 위한 절차로도 볼 수 있다.

과정중심평가 피드백은 결과중심평가 피드백과의 차이점을 알고 사용할 수 있어야 한다. 결과중심평가에서의 피드백은 평가를 하고 결과가 나온 후 그 결과를 보고 피드백이 이루어졌다. 바로 평가→결과→피드백의 순서로 이루어졌다.

[표 4-8] 결과중심평가에서 피드백

과정중심평가에서의 피드백은 [표 4-8]에서 한 가지만 바꿔 주면 된다. 결과와 피드백 사이 화살표 방향만 바꾸면 된다.

[표 4-9] 과정중심평가에서 피드백

과정중심평가는 학생의 최종 성취수준을 부여하는 평가 이전의 중간 과정에서 평가가 이루어지고 피드백이 이루어진다. 중간 과정에 대한 평가와 피드백은 최종 평가 결과에 직접적인 영향을 미친다. 또한 교사와 학생 간 상호 피드백 활동을 통하여 재평가의 기회를 부여할 수 있다. 결과 전에 학생의 성취수준을 진단하고 이에 대한 피드백으로 최종 성취수준에 영향을 미칠 수 있다.

교육과정에서 수업, 평가, 피드백의 흐름

수업과 평가, 피드백이 교육과정에서 어떤 흐름으로 이루어지고 상호 영향을 주고받는지 확인하면 과정중심평가에서 피드백의 중요성과 효과가 명확히 드러난다. 성취기준을 하나의 사이클로 보았을 때 기존 결과중심평가에서는 수업이 진행되고 수업이 종료된 시점에서 평가가 이루어진다. 평가 결과가 나온 후 이 결과에 대한 피드백이 이루어진다.

[표 4-10] 결과중심평가에서 교육과정 흐름

과정중심평가에서는 수업과 수업 사이에 평가, 결과, 피드백 과정이 추가된다. 최종 평가 전에 중간 단계에서 평가가 이루어지고 학생의 성취수준을 확인한다. 이를 기반으로 평가 결과에 대한 피드백 활동이 추가된다.

[표 4-11] 과정중심평가에서 교육과정 흐름

중간 지점에서의 피드백은 최종 단계의 피드백과는 성격이 다르다. 최종 단계에 이루어지는 피드백은 진단·처방의 역할에 한정될 수밖에 없다. 그러나 중간 단계에서 투입되는 피드백은 학생의 성취수준에 따른 직접적인 보정 활동이 수업 과정 중 이루어질 수 있어 최종 단계의 평가 결과는 이전 결과중심평가보다 긍정적으로 향상될 가능성이 커진다.

과정중심평가로 최종 성취수준이 향상될 수 있는 핵심 기제는 중간 과정에서의 점검과 피드백 투입이다.

이론적으로도 검증된 과정중심평가 효과

[표 4-12] 비고츠키의 인지적 도제이론으로 분석한 과정중심평가

과정중심평가는 성취기준 단위로 평가가 필요한 학습 위계 지점에 평가를 투입하여 학습을 점검·보정하고, 피드백을 통하여 성취기준에 대한 최종 성취수준을 향상시키는 평가 시스템이다. 이러한 점검·처방·보정에 의한 학습 효과는 교육학 이론으로도 설명이 가능하다.

비고츠키(Lev Semenovich Vygotsky)의 인지적 도제이론의 경우 학생의 최초 수준에서 잠재적 발달 수준까지 거리인 근접발달영역을 주장하였다. 그리고 이 근접발달영역 내에서 교사와 학생, 학생과 학생 간의 스캐폴딩, 모델링, 코칭 등을 통하여 학생을 잠재적 발달 수준까지 끌어올릴 수 있다 하였다. 결국 스캐폴딩, 모델링, 코칭은 과정중심평가에서 말하는 수업 중 점검에 의한 피드백의 구체적 사례들인 것이다. 이와 같이 과정중심평가는 근접발달영역이라는 이론적 배경으로 학생의 성장과 발달을 기대할 수 있는 평가 방식이다.

과정중심평가로 교육과정-수업-평가 일체화하기

수업과 평가의 연결 고리, 수행과제

과정중심평가의 특징 중 다음 3가지 요소는 평가가 수행과제를 포함하고 있어야 함을 의미한다. 수행과제는 평가뿐만 아니라 수업 활동으로서도 가치가 있는 것이어야 한다. 이를 위해서 성취기준의 구성 요소인 지식·기능·태도를 수행 과정으로 드러내어 역량의 밑바탕을 확인할 수 있는 수행과제의 선정이 중요하다.

[표 4-13] 과정중심평가의 특징

수행과제로 수행평가의 방법으로 제시되는 평가 방법들이 활용될 수 있다. 수행평가의 대표적 평가 방법인 토의·토론, 조사 보고서, 프로젝트, 실험·실습, 논술 등은 본래 평가이기 전에 수업 방법이었다. 따라서 수행과제로 위 평가 방법들을 활용할 경우 성취기준에 대한 심층적 이해와 전이 가능성을 확인하여 역량 형성에 도움을 줄 수 있는 수업이면서 동시에 평가가 될 수 있다.

과정중심평가로 교육과정-수업-평가를 일체화한다

[표 4-14]는 성취기준을 중심으로 수업과 평가의 연계를 의미한다. 과정중심평가에서 수행과제의 선정과 밀접한 관련이 있다.

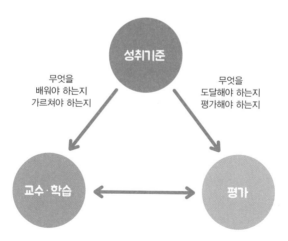

[표 4-14] 교수·학습과 평가가 연계된 순환적 구조에서의 평가
(출처 : 교육부·한국교육과정평가원)

과정중심평가에서 쓰이는 평가 도구로는 성취기준의 구성 요소인 지식·기능·태도를 수행 과정으로 드러낼 수 있는 수행과제가 필요하다.

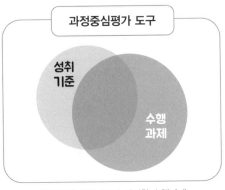

[표 4-15] 성취기준과 밀접한 수행과제

이를 [표 4-15]로 표현하면 과정중심평가 도구 안에는 성취기준이 문제 장면 안에 포함되어 내적 타당도가 있어야 하며, 지식·기능·태도를 수행으로 드러낼 수 있는 수행과제가 포함되어 있어야 한다. 또한 수행과제가 성취기준의 구성 요소에 해당하는 지식·기능·태도와 관련된 요소들로 설계되어 수행과제와 성취기준이 만나는 지점이 넓어야 한다. 결국 좋은 과정중심평가 도구는 [표 4-15]가 그려질 수 있어야 한다.

과정중심평가 도구 선정이 중요한 교육과정-수업-평가 일체화로 연결될 수 있기 때문이다. 수행과제를 성취기준과 관련이 없는 내용으로 선정했을 경우 [표 4-15]와는 다른 상황이 나타난다. 예를 들어 사회과에서 역할극을 수행과제로 선정하여 평가 장면을 설계하는 경우이다. 역할극을 구성하고 실제 역할극을 하는 장면에서 사회과에 대한 성취기준의 이해 요소 없이 단순 역할극 수행에만 집중된다면 성취기준을 확인할 수 없는 평가 장면이 된다. 성취기준을 확인할 수 없는 수행과제로 설계된 평가 도구는 다음 [표 4-16]과 같은 상황이다.

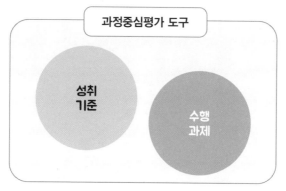

[표 4-16] 성취기준을 확인할 수 없는 수행과제

[표 4-16]은 평가 도구 안에 수행과제가 있지만 수행과제가 성취기준과의 연계가 약한 경우이다. 수행과제를 통하여 수행에 의한 학습(Learning by Doing)이 이루어져야 하는데, 성취기준과 수행과제의 연계가 약한 경우 성취기준에 대한 학습이 없는 단순 활동이 된다. 실제 영어과에서 게임의 요소를 활용하여 수행과제를 선정하는 경우 게임이라는 수행과제가 영어과 성취기준인 의사소통과 관련이 없기 때문에 성취기준에 대한 학습이 없는 단순 놀이가 되어 버린다.

[표 4-16]과 같은 평가 도구로 과정중심평가가 이루어지는 경우 평가 장면에 대한 문제뿐만 아니라 교육과정-수업-평가의 연계에도 문제가 생긴다. 수행과제는 수업이면서 동시에 평가의 역할까지 한다. 이 수행

과제가 성취기준과 연계되지 않는다면 성취기준을 중심으로 수업과 평가가 연계될 수 없다. 이는 결국 수업과 평가는 일체화되지만 교육과정과의 연계성이 떨어진다는 것을 의미한다.

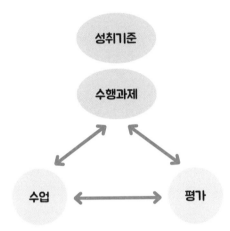

[표 4-17] 성취기준과 관련 없는 수행과제로 성취기준-수업-평가의 불일치

하지만 성취기준과 수행과제가 밀접하게 연관된 [표 4-15]에 해당하는 과정중심평가 도구를 쓰는 경우 수행과제에 해당하는 수업과 평가 장면이 성취기준과 연결된다. 결국 성취기준 기반으로 이루어지는 과정중심평가에서 성취기준과 연관된 수행과제를 선정하면 수업과 평가가 수행과제로 일체화될 수 있으며, 이 수행과제는 교육과정 성취기준과의 연계성이 강화되는 것이다. 성취기준마다 이러한 관점으로 평가 도구가 개발되면 교육과정-수업-평가 일체화가 일어날 수 있다.

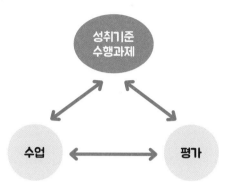

[표 4-18] 성취기준–수행과제–수업–평가의 연계

과정중심평가, 수업은 어떻게 할까?

1단계 성취기준을 중심으로 수업 계단 만들기

성취기준 기반으로 이루어지는 과정중심평가 수업은 내용 병렬식 수업 설계 방식과는 맞지 않는다. 성취기준의 지식·기능·태도 요소를 분석하여 그에 대한 탐구를 바탕으로 이해를 확인할 수 있는 활동과 실생활 및 다른 맥락에 활용할 수 있는 활동으로 수업을 구성해야 한다.

[표 4-19] 성취기준 기반 위계형 수업 설계

예를 들어 "옛사람들의 생활 도구나 주거 형태를 알아보고, 오늘날의 생활 모습과 비교하여 그 변화상을 탐색한다."는 성취기준으로 수업을 구성할 때 옛사람들의 생활 도구를 주제로 '1차시 옛날과 오늘날의 주거 생활 도구의 변화', '2차시 옛날과 오늘날의 식생활 도구의 변화', '3차시 옛날과 오늘날의 의생활의 변화'와 같이 지식의 양을 확대하는 방식으로 수업을 구성하면 과정중심평가 수업과는 맞지 않는다. 이 경우 중간 지점에서 이루어지는 평가는 지식의 암기 여부를 확인하는 평가로 연결될 뿐이다. 가르치고 배운 것이 피상적 지식이기 때문에 평가도 단순 지식 암기·이해 여부밖에 물을 수 없다.

과정중심평가를 위한 수업은 지식의 양에 집중한 수업 구성이 아닌, '1차시 모둠별 옛날 생활 도구와 이와 관련된 오늘날의 생활 도구 조사하기(컴퓨터실 활용)', '2차시 모둠별 조사 결과 발표하고 옛날 생활 도구와 오늘날의 생활 도구 비교·토의하기', '3차시 모둠 토의 결과를 바탕으로 옛날과 오늘날 생활 모습의 변화에 대한 타임머신 일기 쓰기'와 같이 성취기준에 대한 이해를 바탕으로 수행을 드러낼 수 있는 위계적이고 심층적인 수업을 구성해야 한다.

2단계 성취기준 도달 요건을 확인하는 활동 넣기

과정중심평가가 적용되는 수업은 단순 수업 활동만 이루어지는 것이 아닌 성취기준의 각 위계별 학습 요소에 대한 확인 과정이 필요하다. 앞의 사회과 성취기준의 경우 옛사람들의 주거나 도구 형태를 알아보는 조사 발표 장면에서 옛사람들의 생활 도구나 주거 형태의 지식적인 부분에 대하여 관찰평가할 수 있으며, 모둠 토의 장면에서 오늘날 생활 모습과 비교한 변화에 대한 이해를 평가할 수 있다. 이를 바탕으로 200년 전 옛날로 돌아간 나의 하루 일기 쓰기 활동을 통하여 오늘날과 비교한 옛사람들의 생활 모습을 자신의 언어로 진술할 수 있는가를 논술형 평가 유형으로 실시하여 성취기준에 대한 이해를 최종 평가할 수 있다.

이와 같이 과정중심평가는 성취기준을 구성하고 있는 각 위계의 수업이 이루어지는 시점에서 학생들이 제대로 도달하고 있는지 확인하는 과정이 수업 중에 내재되어 있어야 한다.

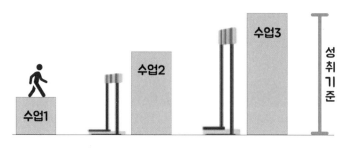

[표 4-20] 위계 간 평가(허들) 넣기

결국 [표 4-20]의 허들은 다음 위계로 넘어가기 전 학생들의 학습 상태를 점검하는 평가의 역할을 하는 것이다.

3단계 다음 위계로 갈 수 있는 도움닫기(피드백) 활동

[표 4-21] 위계형 수업–평가(허들)–피드백이 포함된 수업 설계

학생들의 학습 과정을 점검하다 보면 모든 학생들이 원하는 학습 지점에 와 있지 않은 경우가 많다. 즉 성취기준 도달을 위한 중요 학습 지점에서 이를 점검하는 평가 활동 후 도달점에 못 미치는 학생들을 위한 처치가 필요하다. 이 활동이 바로 피드백이다. 피드백이 없을 경우 최종 성취기준 도달에 어려움이 생길 수 있다. 따라서 수업 중 평가를 한 후 해당 지점에서 필요한 학습 요소가 형성되지 못한 학생들에 대한 피드백 활동을 포함한 수업을 설계하여 모든 학생들이 성취기준에 도달할 수 있도록 해야 한다.

과정중심평가, 이상과 현실

한 지방 교육연수원에서 과정중심평가를 주제로 교사 대상 연수를 진행한 적이 있었다. 이때 "과정중심평가는 ○○○다."라는 멘티미터 활동을 한 적이 있는데, "과정중심평가는 뜬구름 잡기다."라는 말을 한 교사의 반응이 기억에 남는다. 이 사례뿐만 아니라 과정중심평가를 주제로 전국의 많은 교사들과 만나면서 받은 공통적인 의견은 과정중심평가가 좋은 것은 알겠는데 실천으로 옮기기에는 현실적인 제약이 많다는 것이었다.

실제 과정중심평가를 실천하기 위해서는 교육과정을 재구성해야 하고 수업도 바꿔야 한다. 평가 계획과 평가 정보를 공시하는 형식도 바꿔야 하며, 평가 도구 설계와 채점, 피드백에서는 고도의 전문성을 요구한다.

이와 같이 교육과정 전반에 영향을 미치고 치밀한 실천 전략이 필요한 과정중심평가는 기존의 평가 이론에 국한된 학문적인 설명과 극소수 이상적인 실천 사례로 현장에 뿌리내릴 수 없다. 과정중심평가가 이상이 아닌 현실이 되기 위하여 교사들이 가장 힘들어하는 부분을 짚어 보고, 이에 대한 현실적인 대안을 제시해 보도록 하겠다.

모든 성취기준을 다 과정중심평가로 해야 할까?

과정중심평가에 대한 교사들의 고민 중 하나는 '모든 성취기준을 다 과정중심평가로 해야 하느냐' 하는 문제이다. 과정중심평가는 성취기준이 이루어지는 수업 과정 중에 평가가 이루어지기 때문에 평가 횟수가 많아지는 부담이 있다. 따라서 모든 성취기준을 과정중심평가로 할 경우 발생할 엄청난 평가 횟수는 교사에게 큰 부담이 된다. 성취기준이 형성되는 과정에서 학습 상황을 확인하고 피드백해 주는 것은 바람직한 방향이지만, 모든 성취기준에 대한 평가 문항과 루브릭을 제작해서 결재를 맡고 평가 누계표로 모든 결과를 문서상의 기록으로 남겨야 하는 '형식의 문제'는 짚고 넘어가야 할 부분이다.

이를 논의하기 전에 나이스 교과 평가 입력 대상이 되는 성취기준을 먼저 따져 보아야 한다. 나이스에 모든 성취기준의 평가 결과를 입력해야 하는 것은 아니다. 교육부 훈령이나 각 시·도 교육청 지침 어디에도 모든 성취기준을 나이스 교과 평가에 입력하라는 말은 없다. 따라서 각 교과 영역별 성취수준을 알아보는 데 꼭 필요한 성취기준을 선정하여 평가 계획을 수립하고, 이를 정보 공시에 공지하면 되는 것이다. 평가 계획과 정보 공시 대상에 제시된 성취기준들은 위에서 언급한 평가 도구와 루브릭, 결과 기록에 대한 형식이 필요하지만 평가 계획에 제외되는 성취기준들은 위와 같은 형식적인 문서나 절차 없이 수업 중 학생의 성취수준 도달도를 점검하고 피드백하는 활동으로 성취기준 도달도를 높여 주면 되는 것이다.

이와 같이 평가 도구와 루브릭을 제작해서 결재를 맡고, 평가 장면마다 채점 결과를 기록으로 남겨야 하는 형식만 버릴 수 있다면 과정중심평가에 대한 실천 가능성은 높아질 수 있다.

채점만 하다 수업이 끝나지는 않을까?

한국교육과정평가원에서 개발한 과정중심평가 자료의 경우 다음 예시와 같이 성취기준 하나에 평가 과제가 보통 2~3개 제시되어 있으며, 평가 과제마다 루브릭과 평가 결과를 기록하는 형식으로 되어 있다.

[4과01-04]
여러 가지 물질을 선택하여 다양한 물체를 설계하고 장단점을 토의할 수 있다. 성취기준을 다음 3가지 수행과제로 개발하였다.

수행과제1. 연필꽂이를 설계하기 위한 의견 나누기
수행과제2. 여러 가지 물질의 성질을 이용하여 연필꽂이 설계하기
수행과제3. 설계도 발표 및 수정 · 보완하여 최종 발표하기

수행평가 과제	1		2		3		
평가 영역	과학적 문제해결력		과학적 문제해결력	과학적 사고력	과학적 사고력	과학적 문제 해결력	과학적 의사소통 능력
평가 요소	문제 해결을 위한 의견 나누기	문제 해결을 위한 자료 수집	여러 가지 물질의 성질을 이용한 설계 수행	아이디어 산출	의견 나누기	최종 설계	발표 태도
평가 유형	관찰평가	관찰평가	보고서 평가	보고서 평가	관찰평가	보고서 평가	관찰평가
평가 기준	창의적인 연필꽂이를 만들기 위해 생각해야 할 것에 대한 생각을 교류하는가?	우리 생활에서 재활용할 수 있는 물체와 물질을 관련지어 제시하는가?	여러 가지 물질의 성질을 이용하여 연필꽂이를 설계하고, 사용한 물질을 설명할 수 있는가?	연필꽂이를 구체적이고 창의적으로 설계하는가?	토의를 통해 연필꽂이 설계의 장점과 단점을 제시할 수 있는가?	연필꽂이 설계의 장단점을 바탕으로 설계도를 수정·보완할 수 있는가?	발표에 적극적으로 참여하고, 바른 태도로 다른 사람의 발표를 듣는가?
이○○	2 / 1 / 0	2 / 1 / 0	4 / 3 / 2 / 1 / 0	2 / 1 / 0	2 / 1 / 0	2 / 1 / 0	2 / 1 / 0

한 학급의 학생 수가 20명이 넘어가는 상황에서 이와 같은 빈틈없는 루브릭과 점수 부여 방식에 의하여 학생들의 성취수준을 신뢰도 있게 평가하고 기록하는 것은 쉬운 일이 아니다. 따라서 과정중심평가의 현실성을 높이기 위해서는 성취기준당 꼭 필요한 평가 과제가 선정되어야 한다. 또한 학생들의 수행 장면을 일일이 확인하면서 기록하는 것이 현실적으로 쉽지 않기 때문에 이에 대한 대안적 방법이 필요하다. 필자는 실제 평가 장면에서 다음과 같은 방법을 활용하였다.

배움 상황판을 활용하여 2~3개의 수행과제 중 앞의 1, 2번째 수행과제에서는 다음의 방식으로 자기·동료평가를 적극 활용하였다.

배움 상황판 활용 평가 방법

1. 수행과제를 제시하면서 루브릭을 TV 화면에 함께 제시한다.

2. 수행과제를 해결하면서 자신의 현재 학습 상황에 해당하는 자기 평가 판 (HELP ME, FINISH, PERFECT)에 본인의 사진 자석판을 붙여 놓는다.

3. 모둠 학생 모두 수행과제가 끝난 후 TV에 제시된 루브릭을 보면서 모둠 원 공동의 합의하에 모둠 각 학생의 평가기준을 부여하여 모둠 평가 판(A, B, C)에 기록한다(루브릭을 보면서 모둠원이 함께 토의하면서 채점을 하는 과정이 assessment as learning으로서의 기능을 할 수 있다).

4. 배움 상황판의 학생 개인별 학습 상황을 한눈에 확인하여 교사는 즉시 학생에게 피드백을 줄 수 있다.

실제 이와 같은 방법으로 과정중심평가를 실시하여 수업 과정 중 이루어지는 평가 장면에서 교사가 일일이 돌아다니면서 채점하지 않고도 학생들의 학습 상황을 한눈에 파악할 수 있었다. 빠르게 파악된 개인별 학습 상황으로 피드백 투입 시기도 빨라졌으며, 학생들이 TV 화면에 제시된 루브릭을 보고 서로의 학습 상황을 평가하는 장면 자체가 피드백이 되는 경우도 많이 있었다. 또한 모둠 단위로 이루어지는 수업 상황이 많기 때문에 교사가 개별 학생을 관찰하는 것보다 모둠 학생이 서로를 관찰하고 평가하는 것이 더 효율적인 경우도 있다.

이와 같이 배움 상황판을 활용한 자기·동료평가가 효율적으로 실시되기 위해서는 학기 초 모둠원들이 평가한 평가 결과에 대한 교사의 직접적인 검증 과정이 필요하다. 모둠원에 의한 평가가 공정하게 이루어지고 있는지 검증하고, 잘못된 점을 지적하면서 평가자로서의 태도를 훈련시키면 어린 학생들도 신뢰도 있는 평가를 할 수 있었다. 하지만 이와 같은 배움 상황판을 활용한 자기·동료평가 방법은 평가 결과에 대한 신뢰도 문제가 있을 수 있기 때문에 성취기준별 2~3개의 수행과제 중 주로 앞의 1~2번째 수행과제에서 실시하는 것이 적절하다.

과정중심평가를 '피드백을 하기 위한 평가'라 부르는 견해도 있다. 결국 배움 상황판과 같은 실천적인 방법을 활용하면 학생의 형식적인 기록보다는 피드백이라는 과정중심평가의 중요한 목적을 충실히 달성할 수 있다.

총괄적 기능과 총괄평가를 구분해야 한다

과정중심평가에 조금만 관심을 기울여 보면 "과정중심평가로 평가의 형
성적 기능이 강조되었지만, 총괄평가는 여전히 중요하다."는 말을 들어
보았을 것이다. 맞는 말이다. 과정중심평가가 도입되고 평가의 형성적
기능이 강조되면서 평가의 총괄적 기능이 상대적으로 축소될 우려 때문
에 이런 말을 하는 것은 이해된다. 또한 내신 성적 부여를 위한 중간·기
말고사가 살아 있는 중등의 경우 총괄평가는 현실적으로 당장 없앨 수
도 없는 상황이다. 하지만 과정중심평가가 도입되었는데도 총괄평가가
여전히 중요하다는 말에 의하여 현장의 평가는 2가지 실태로 나뉘었다.

첫 번째는 과정중심평가의 특징 중 '수업 중 이루어지는 평가'를 적극
반영하여 수업 중에 모든 평가를 끝내 버린 경우이다. 이 경우 수업 중 평
가에서 성취수준 부여도 함께 이루어져 평가의 모든 절차가 끝나 버린다.

[표 4-22] 수업 중 평가 종료

두 번째는 총괄평가가 여전히 중요하다는 말을 적극 반영하여 수업 과
정 중에 평가를 하고 성취수준을 파악했는데도, 일정 시점에서 성취기
준들을 모아 단원평가나 기말평가 방식의 총괄평가를 중복하여 시행하
는 경우이다.

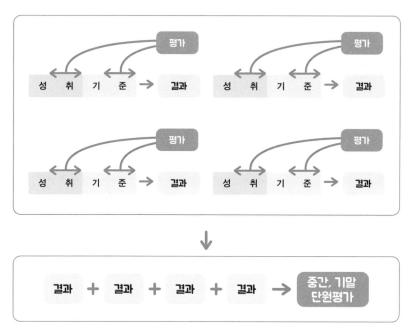

[표 4-23] 수업 중 평가와 수업 종료 후 평가 이중 실시

　기존의 총괄평가가 담당했던 학생의 성취수준을 부여하는 총괄적 기능이 여전히 중요한 것인지, 아니면 수업 장면이 끝난 뒤 학습 결과들을 종합적으로 평가하는 총괄평가 시스템이 아직도 중요한 것이지 확실한 구분이 필요하다.

　만약 총괄적 기능이 중요한 것이면 첫 번째 실태에 의한 평가 방식은 인정될 수 있다. 그리고 두 번째 실태와 같이 수업 장면에서 충분히 성취수준을 확인할 수 있는데도 총괄평가로 다시 한번 평가하는 것은 불필요한 절차가 되어 버리는 것이다.

하지만 총괄평가 시스템이 아직도 중요하다면 첫 번째 실태에 의한 평가 방식은 불완전한 평가가 되는 것이다. 2가지 해석에 대한 판단을 위해서 실제 성취기준들을 보고 첫 번째 실태에 의한 평가 방식과 두 번째 실태에 의한 평가 방식 중 어떤 것이 합리적인지 판단해 볼 필요가 있다.

[6국01-02] 의견을 제시하고 함께 조정하며 토의한다.

[6국03-04] 적절한 근거와 알맞은 표현을 사용하여 주장하는 글을 쓴다.

[4과01-04] 여러 가지 물질을 선택하여 다양한 물체를 설계하고 장단점을 토의할 수 있다.

[6국01-05] 매체 자료를 활용하여 내용을 효과적으로 발표한다.

[6사02-02] 생활 속에서 인권 보장이 필요한 사례를 탐구하여 인권의 중요성을 인식하고, 인권 보호를 실천하는 태도를 기른다.

[6도02-02] 다양한 갈등을 평화적으로 해결하는 것의 중요성과 방법을 알고, 평화적으로 갈등을 해결하려는 의지를 기른다.

[4과07-02] 기체가 공간을 차지하고 있음을 알아보는 실험을 할 수 있다.

[4과08-02] 소리의 세기와 높낮이를 비교할 수 있다.

[4수02-05] 평면도형의 이동을 이용하여 규칙적인 무늬를 꾸밀 수 있다.

[2국01-05] 말하는 이와 말의 내용에 집중하며 듣는다.

[2국02-05] 읽기에 흥미를 가지고 즐겨 읽는 태도를 지닌다.

위에 제시된 성취기준을 [표 4-22]와 [표 4-23] 중 어느 방식으로 평가하는 것이 합리적인 것일까? "의견을 제시하고 함께 조정하며 토의하고,

매체 자료를 활용하여 내용을 효과적으로 발표하는 장면"과 같이 위에 제시된 성취기준 대부분은 과정중심평가의 특징 그대로 수업 중에 이루어질 수밖에 없으며, 성취수준을 부여하고 피드백하는 평가의 모든 절차가 수업 중에 완료될 수 있다. 그런데 총괄평가 시스템이 아직도 중요하다는 말이 유효하다면, 수업 시간에 모든 평가 절차가 끝났는데 또 총괄평가를 실시해야 하는가?

총괄평가가 여전히 중요하다는 말 때문에 두 번째 실태와 같은 기형적 평가가 생기는 것이다. 따라서 총괄평가가 여전히 중요하다는 말은 평가의 총괄적 기능이 여전히 중요하다는 말로 바뀌어야 한다.

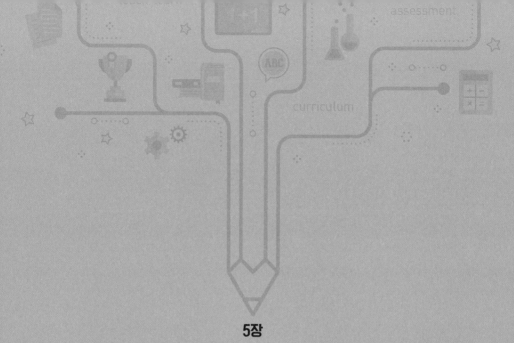

5장

교육과정 문해력
Core 20

교육과정 문해력 Core 20

교육과정 문해력은 교육과정 문서를 읽고 해석하여 교육과정을 설계하고 수업과 평가를 실천할 수 있는 능력이다. 이를 위해서 교사가 갖추어야 할 20가지 세부 실천 역량인 교육과정 문해력 Core 20을 선정하였다.

교육과정 문해력 Core 20에서 교육과정 문서를 읽고 해석하고, 교육과정-수업-평가-기록 일체화를 실천할 수 있는 구체적인 실천 방법을 안내하였다.

교육과정 문해력 Core 20에서 제시한 구체적 실천 방법을 통하여 교육과정 문해력을 신장시킬 수 있으며, 교육과정-수업-평가-기록 일체화와 과정중심평가 또한 실천할 수 있다.

Core 20	교육과정-수업-평가-기록의 일체화
Core 19	과정중심평가
Core 18	진정한 소통을 위한 기록과 가정통지
Core 17	성장을 위한 피드백의 조건과 전략
Core 16	명의가 되는 루브릭 만드는 법
Core 15	평가 도구, 하나만 바꿔 보자
Core 14	평가 문해력을 결정하는 2가지 포인트
Core 13	평가 문서 바르게 읽고 쓰는 법
Core 12	교수평기 일체화와 과정중심평가 지도안 짜는 법
Core 11	배움 계단 수업 모형
Core 10	수업을 보는 새로운 눈
Core 9	학습목표, 핵심 질문으로 바꿔 보자
Core 8	애매모호한 배움중심수업, 연막 걷어내기
Core 7	성취기준 사용설명서
Core 6	교과서 골라 쓰는 법
Core 5	교육과정 5가지 설계 원리
Core 4	미래교육의 등대 '역량' A to Z
Core 3	교육과정 각론 읽는 법
Core 2	교육과정 총론 읽는 법
Core 1	Must와 Recommend

Must와 Recommend

교육과정 문서와 자료를 구분할 수 있는가

교육과정 문해력의 구성 요소 중 하나인 교육과정 문서를 해석할 수 있는 능력을 갖추기 위해서는 우선 교육과정 문서가 무엇인지 구별할 수 있어야 한다.

교사들은 교육과정과 수업, 평가를 운영할 때 여러 가지 자료를 활용한다. 가장 기본적인 자료로 교과서와 교사용 지도서가 있으며, 온라인 사이트 수업 자료, 각 시·도 교육청의 장학자료 등 수많은 자료가 있다. 그런데 이 많은 자료들은 교육과정 운영에 꼭 반영해야 하는 '문서'의 지위를 갖고 있는 것과 교사를 돕기 위하여 만든 '자료'로서의 역할이 있는 것들이 있다.

국가 수준 교육과정 문서는 교육과정 총론과 각론이 해당된다. 교육과정을 해석해야 한다는 의미는 가장 기본적으로 국가 수준 교육과정 문서인 총론과 각론을 해석해야 함을 의미한다. 그럼 교사들이 가장 많이 활용하는 교과서는 교육과정 문서일까? 교과서는 교육과정 문서가 아닌 자료에 해당된다. 교과서의 지위가 문서가 아닌 자료라는 사실은 우리 학교에서 이루어지는 수업과 교사들의 교육과정 운영에 무한한 확장성을 갖게 한다.

그럼 교과서는 자료이기 때문에 교과서의 내용은 다 무시하고 새로운 내용으로 수업을 해도 문제가 없을까? 실제 적지 않은 학교에서 교과서를 사용하지 않고 있다. 교과서를 버린 교육과정 운영은 문제가 없을 수도 있고, 있을 수도 있다. 그 기준은 바로 교육과정 성취기준 이수에 달려 있다. 교과서를 아예 수업에 사용하지 않아도 교육과정 성취기준을 도달시킬 수 있는 새로운 수업을 구성하고, 이를 시수 규정 내에서 학생들에게 교육한다면 아무런 문제가 되지 않는다. 교과서 역시 그 근간은 성취기준이기 때문이다. 교과서 개발자들은 자신들이 개발할 교과에 배당된 시수에 맞추어 성취기준을 여러 주제로 나누고, 그 주제들이 교과서 차시와 학습목표로 만들어지는 것이다.

반대로 교과서를 버린 수업을 하면서 교육과정 성취기준 또한 고려하지 않는 수업으로 교육과정을 운영한다면 문제가 될 수 있다. 이 경우 말 그대로 국가에서 정한 해당 학생들이 이수해야 할 성취기준을 이수시키지 않은 경우에 해당하기 때문이다.

여기서 교과서와 다른 교육과정 성취기준의 지위를 알 수 있다. 교과서는 이수시키지 않아도 교육과정 성취기준은 꼭 이수시켜야 하는 엄연한 교육과정 문서이다. 실제 2015 개정 교육과정부터 교육과정 성취기준은 각 교과의 각론 문서에 포함되기 시작하였다. 즉, 교육과정 성취기준은 국가 수준 교육과정 문서의 지위를 갖는다.

이와 같이 교사들이 수업에서 활용해 왔던 것들을 문서와 자료로 구분해 보면 수업에서 무엇을 꼭 해야 하고, 무엇은 하지 않아도 되는지 기준이 명확해진다.

Core 1 TIP_ 교육과정 문서 찾는 법

★http://ncic.go.kr/ 사이트에 들어가서 우측 상단 교육과정 자료실 메뉴에 들어가면 개정 교육과정 총론 및 교과별 각론 문서를 다운받을 수 있다.

※교육과정이 변경될 때마다 새로운 교육과정 책자는 학교의 일부 교사들에게만 제공된다. 따라서 대부분의 교사들은 교육과정 총론을 접하기도 힘들고, 이러한 부분들이 교사의 교육과정 문해력을 저해하는 요소이기도 하다.

교육과정 운영을 위한 룰, Must와 Recommend

정광순〈경기도교육청(2017: 정광순, 2012에서 재인용)〉은 교육과정 문해력을 국가 수준 교육과정에 대한 자율권을 행사하기 위해 교사가 갖추어야 할 능력으로 정의하였다. 그의 말대로 교육과정 문해력이 높은 교사는 자율권의 범위 안에서 자신만의 교사별 교육과정으로 자유로운 교육과정을 운영할 수 있을 것이다. 그럼 어디까지가 자율이고, 어디까지가 자율의 범위를 넘어선 것일까? 앞에서 설명한 문서와 자료가 자율권을 설정하는 기준에 해당하는 것일까?

교육과정 문서에 있는 문구들을 읽어 보면 실제 교육과정 운영에서 꼭 지켜야 하는 행정적인 규정과 연관된 성격의 문구가 있다. 예를 들어 교육과정 문서에 제시된 학년군, 교과별 시수 운영 규정 및 시수 증감의 범위, 수업 일수 등의 내용은 문서에서도 교육과정 운영에 꼭 반영해야 하는 행정적 성격의 것들이다. 이러한 내용은 앞의 정의에서 언급된 '자율권'에 직접적인 영향을 미치는 것들이다.

반면 교육과정 문서인 총론에 제시된 많은 문구들("교과의 교육목표, 교육 내용, 교수·학습 및 평가의 일관성을 강화한다." "학습과 생활에서 문제를 발견하고 해결하는 기초 능력을 기르고, 이를 새롭게 경험할 수 있는 상상력을 키운다.")은 교육과정 운영의 방향성을 제시하는 성격을 갖고 있다. 이와 같은 문구들은 교육과정 총론 개발자들이 사회에서 요구하는 인재상을 반영하여 앞으로 학교에서는 이러한 방향으로 교육과정과 수업, 평가를 운영해야 한다는 방향성을 제시하는 선언적 의미를 갖고 있다. 하지만 이러한 문구들은 실질적으로 교육과정 운영을 위한 행정적 자율권을 제한하는 성격을 갖고 있지는 않다. 말 그대로 이 문구를 교육과정 운영에서 꼭 지키지 않아도 큰 문제가 생기지 않으며, 이를 지키는지 혹은 지키지 않는지 확인할 수 있는 성격의 것도 아니다.

이와 반대로 국가 수준 교육과정 문서는 아니지만 교육과정을 짤 때 교사들을 제일 괴롭히는 7대 안전교육 이수 시수, 법정 범교과 시수 등은 교육과정 운영에 꼭 반영해야 하는 자율권 밖의 영역에 해당하는 것들이다. 이뿐일까? 평가와 관련된 교육부 훈령 및 각 시·도 교육청의 학업성적관리 시행지침은 평가의 영역이지만 교육과정 운영에 직접적인 영향을 미치는 자율권 밖의 영역에 해당된다. 한마디로 교육과정 운영에 꼭 반영해야 하는 'Must'의 성격을 갖고 있다.

이와 같이 교사들의 실제 교육과정 운영에서 실질적 문서로서의 성격을 갖고 있는 것들이 있다. 문서와 자료에 대한 구분도 중요하지만 교육과정 운영에 대한 자율권을 결정짓는 것들을 명확히 숙지하고 있어야 한다. 교육과정 운영 룰을 알아야 그 룰에 맞는 무한한 교육과정 문해력을 펼칠 수 있기 때문이다.

Core 1 TIP_ 교육과정 운영의 룰(Must와 Recommend)	
Must	**Recommend**
• 교육과정 총론 및 각론 • 성취기준 • 7대안전 및 범교과 법정 이수 • 각종 행사 관련 시수 • 교과별 이수 시수 • 연간 수업 일수 • 교육부 훈령 • 학업성적관리 시행지침	• 교과서 • 수업 자료 관련 사이트 • 시·도 교육청 장학 자료

· 교육과정 문해력 Core 2 ·
교육과정 총론 읽는 법

2015 개정 교육과정은 4차 산업혁명 시대, 미래 사회를 대비한 교육을
위하여 최초로 핵심역량을 도입하였다.

- 자아정체성과 자신감을 가지고 자신의 삶과 진로에 필요한 기초 능력과
  자질을 갖추어 자기주도적으로 살아갈 수 있는 자기관리 역량
- 문제를 합리적으로 해결하기 위하여 다양한 영역의 지식과 정보를 처리
  하고 활용할 수 있는 지식정보처리 역량
- 폭넓은 기초 지식을 바탕으로 다양한 전문 분야의 지식, 기술, 경험을 융
  합적으로 활용하여 새로운 것을 창출하는 창의적 사고 역량
- 인간에 대한 공감적 이해와 문화적 감수성을 바탕으로 삶의 의미와 가치
  를 발견하고 향유하는 심미적 감성 역량

- 다양한 상황에서 자신의 생각과 감정을 효과적으로 표현하고 다른 사람의 의견을 경청하며 존중하는 의사소통 역량
- 지역·국가·세계 공동체의 구성원에게 요구되는 가치와 태도를 가지고 공동체 발전에 적극적으로 참여하는 공동체 역량

핵심역량은 우리 학생들이 미래 사회의 구성원으로서 살아가는 데 필요한 능력이다. 핵심역량 신장을 위하여 각 교과별 교과 역량이 제시되었으며, 이러한 교과 역량은 각 교과의 교육과정 성취기준을 이수하였을 때 신장될 수 있다. 따라서 총론에 제시된 6가지 핵심역량은 성취기준을 기반으로 한 교육과정 이수를 통하여 신장될 수 있다.

이와 같이 2015 개정 교육과정은 과거의 교육과정에서는 없었던 '역량'이라는 개념을 교육과정에 처음 도입하였고, 각 교과마다 교과 역량을 선정하여 '역량 기반 교육과정'이라고도 볼 수 있다. 또한 역량 기반 교육과정과 밀접한 관련이 있는 이해중심 교육과정이 이론적 배경으로 총론의 교육과정 구성 중점 사항에 구현되었다.

그럼 교육과정-수업-평가 운영과 밀접한 관련이 있는 교육과정 총론의 주요 문구들을 하나씩 짚어 보면서 숨은 의도를 파악해 보겠다.

총론 2. 교육과정 구성의 중점
나. 교과의 핵심 개념을 중심으로 학습 내용을 구조화하고 학습량을 적정화하여 학습의 질을 개선한다.

2015 개정 교육과정을 운영하는 교사라면 위에 제시된 문구의 숨은 의미를 반드시 알고 있어야 한다. "학습량을 적정화한다"는 의미는 단순히 교과 내용의 양적 슬림화만을 의미하는 것이 아니다. 이는 이해중심 교육과정에서 이야기하는 핵심 개념을 선정하고, 핵심 개념과 관련 내용으로 학습 내용을 위계적으로 구조화한다는 의미가 깔려 있다. 핵심 개념은 말 그대로 해당 교과의 핵심 아이디어로서 교과 영역을 구성하는 뼈대라 할 수 있다. 교수·학습에서는 단순히 핵심 개념을 '이해하는 (comprehension)' 것으로서의 운영이 요구되지 않는다. 핵심 개념과 관련된 다양한 맥락 및 실제 생활에서 활용할 수 있는 기회를 충분히 제공하고, 학생들의 인지 구조 속에 핵심 개념이 자리잡을 수 있도록 교수·학습을 설계하고 운영해야 한다.

따라서 총론의 교육과정 구성 중점을 반영한 학급 교육과정 설계 시 각 교과 각론 내용 체계표에 제시된 핵심 개념을 확인하고, 이 핵심 개념 관련 내용으로 학습 내용을 구조화하여 교육과정을 재구성한다면, 총론에서 제시된 교육과정 구성 중점을 바르게 해석하여 실행하는 교육과정 문해력 수준이 높은 교사라 볼 수 있다.

총론 2. 교육과정 구성의 중점
다. 교과 특성에 맞는 다양한 학생 참여형 수업을 활성화하여 자기주도적 학습 능력을 기르고 학습의 즐거움을 경험하도록 한다.

총론에 제시된 위 문구를 교육학적 배경지식이 없이 읽으면 "당연한 이야기를 왜 또 실었을까?" 하면서 그냥 넘어갈 것이다. 하지만 총론의 교육과정 구성 중점 "다" 항목 역시 앞에서 이야기한 이해중심 교육과정과 깊은 관련이 있으며, 역량 함양을 위한 수업의 방향이라 해석하면 된다. 핵심역량은 교과 역량들을 통해 함양되며, 교과 역량들은 각 교과의 교육과정 성취기준을 통해 키워진다. 그럼 교육과정 성취기준은 어떻게 학습해야 역량으로 이어질 수 있을까? 바로 성취기준을 다양한 맥락, 실제적 상황에 적용하는 수업을 통하여 가능성이 높아질 수 있다. 이러한 수업에서는 학생 참여형 수업의 방법이 동반되어야 하며, 이를 통하여 자기주도적 학습 능력과 학습의 즐거움을 경험할 수 있다.

이와 같이 총론에 제시된 문구 하나하나도 그냥 국어적으로 해석하고 넘어가는 것이 아닌, 총론의 이론적 배경과 관련된 교육학적 의미를 생각하고, 이를 수업의 방향으로 설정할 수 있는 교사가 교육과정 문해력이 높은 교사라 할 수 있다.

총론 2. 교육과정 구성의 중점
라. 학습의 과정을 중시하는 평가를 강화하여 학생이 자신의 학습을 성찰하도록 하고, 평가 결과를 활용하여 교수·학습의 질을 개선한다.

총론의 "라" 항목은 과정을 중시하는 평가를 강조해야 한다는 것을 의미한다. 이것도 총론의 역량과 관련지어 생각할 수 있다. 역량은 지식, 기능, 가치·태도의 조합으로 만들어지는 것이며, 시험지와 같은 딱 짜

여진 구조화된 장면이 아닌 실제 생활 장면과 같은 비구조화된 장면의 문제해결 과정에서 드러나기 쉽다. 이러한 역량의 성향으로 인하여 수업이 종료된 지점에서 시험지를 통한 구조화된 평가 장면과 지식적인 부분만을 강조한 결과중심평가로는 역량을 평가하기가 쉽지 않다. 아니 불가능하다. 따라서 지식·기능·태도를 실제 맥락을 활용한 수업 속에서 평가하는 과정중심평가를 강조하여 역량이 평가될 수 있는 장치를 총론에 마련해 두었다고 해석할 수 있다.

총론 2. 교육과정 구성의 중점
마. 교과의 교육 목표, 교육 내용, 교수·학습 및 평가의 일관성을 강화한다.

교육과정 구성 중점의 "마" 항목에 제시된 각 단어들도 숨은 의미를 파악할 수 있어야 한다. 교육 목표는 바로 총론의 핵심역량과 각 교과의 교과 역량과 밀접한 관련이 있으며, 이를 수업 시간에 도달시키고, 잘 도달하였는지 평가를 통하여 확인하기 위하여 성취기준이라는 것이 있다고 볼 수 있다.

위의 "라"와 "마" 항목과 관련된 것이 바로 과정중심평가와 교육과정-수업-평가-기록 일체화이다. 두 용어는 교육부 및 시·도 교육청 정책 용어로 선정되고 전국적으로 사용될 만큼 교육과정-수업-평가를 운영하기 위해서 꼭 알고 있어야 하는 것뿐만 아니라 실천 역량까지 갖추어야 하는 용어이다.

※ 다음을 읽고 물음에 답하시오.

1. 시수를 감축해서는 안 되는 교과 3가지는?

2. 다음 김 교사의 시수 운영 사례를 보고 틀린 점을 찾아보세요.

김 교사의 시수 운영 사례

김 교사는 SW교육을 강화하기 위하여 창체 시수를 20시수 증가하였다. 6학년의 총 시수인 1,088시간을 맞추기 위하여 대신 교과에 배정된 시수 986시수 중 20시간을 감축하여 946시수로 배정하였다.

〈정답〉

1. 음악, 미술, 체육은 20% 시수 증감에 해당되지 않는다.

2. 김 교사가 창체 시수를 20시수 증배한 것은 문제될 것이 없지만, 총 시수 1,088시수를 맞추기 위하여 교과 20시수를 감축한 것이 잘못되었다. 교육과정 총론 시간 배당 기준에서 6학년 교과의 시수인 986시수는 꼭 이수해야 하는 최소 시수이다. 마찬가지로 창의적 체험활동에 배정된 102시간의 시수도 꼭 지켜야 하는 최소 이수 시수이다.

교육과정 각론 읽는 법

교육과정 각론은 각 교과의 성격 및 목표, 내용 체계와 교육과정 성취기준, 교수·학습 및 평가의 방향이 제시되어 있다. 이 중 교사들이 유심히 봐야 할 것은 내용 체계표와 교육과정 성취기준이다. 내용 체계표는 이해중심 교육과정이라는 교육학적 배경지식을 알고 있어야 만들어진 원리와 적용 방법을 알 수 있다.

이해중심 교육과정의 원리가 숨어 있는 내용 체계표

내용 체계표는 각 교과 영역별로 다음과 같은 하나의 표로 제시되어 있다. 표 안에는 핵심 개념과 일반화된 지식, 학년(군)별 내용 요소와 기능으로 분류되어 있다.

핵심 개념에 대한 정의는 2015 개정 교육과정 총론 해설서에서 다음과 같이 제시되어 있다. 핵심 개념은 교과가 기반하는 학문의 가장 기초적인 개념이나 원리를 포함하는 교과의 근본적인 아이디어이다. 예를 들어 규칙성, 에너지, 상호작용, 관계, 다양성 등과 같은 개념적인 아이디어일 수도 있지만 표현, 감상, 의사소통, 공감과 같이 기능적 혹은 정의적 내용들도 핵심 개념으로 볼 수 있다.

핵심 개념	일반화된 지식	학년(군)별 내용 요소					기능
		초등학교			중학교 1~3학년	고등학교 1학년	
		1~2학년	3~4학년	5~6학년			
• 듣기·말하기의 본질	듣기·말하기는 화자와 청자가 구어로 상호 교섭하며 의미를 공유하는 과정이다.			• 구어 의사소통	• 의미 공유 과정	• 사회·문화성	• 맥락 이해·활용하기 • 청자 분석하기 • 내용 생성하기 • 내용 조직하기 • 자료·매체 활용하기 • 표현·전달하기 • 내용 확인하기 • 추론하기 • 평가·감상하기 • 경청·공감하기 • 상호 교섭하기 • 점검·조정하기
• 목적에 따른 담화의 유형 • 정보 전달 • 설득 • 친교·정서 표현 • 듣기·말하기와 매체	의사소통의 목적, 상황, 매체 등에 따라 다양한 담화 유형이 있으며, 유형에 따라 듣기와 말하기의 방법이 다르다.	• 인사말 • 대화 [감정 표현]	• 대화 [즐거움] • 회의	• 토의 [의견 조정] • 토론 [절차와 규칙, 근거] • 발표 [매체활용]	• 대화(공감과 반응) • 면담 • 토의[문제 해결] • 토론[논리적 반박] • 발표[내용 구성] • 매체 자료의 효과	• 대화 [언어 예절] • 토론 [논증 구성] • 협상	
• 듣기·말하기의 구성 요소 • 화자·청자·맥락 • 듣기·말하기의 과정 • 듣기·말하기의 전략 • 표현 전략 • 상위 인지 전략	화자와 청자는 의사소통의 목적과 상황, 매체에 따라 적절한 전략과 방법을 사용하여 듣기·말하기 과정에서의 문제를 해결하며 소통한다.	• 일의 순서 • 자신 있게 말하기 • 집중하며 듣기	• 인과관계 • 표정, 몸짓, 말투 • 요약하며 듣기	• 체계적인 내용 구성 • 추론하며 듣기	• 청중 고려 • 말하기 불안에의 대처 • 설득 전략 분석 • 비판하며 듣기	• 의사소통 과정의 점검과 조정	

| • 듣기 · 말하기
의 태도
• 듣기 · 말하기
의 윤리
• 공감적 소통
의 생활화 | 듣기 · 말하기
의 가치를 인
식하고 공감 ·
협력하며 소통
할 때 듣기 ·
말하기를 효과
적으로 수행할
수 있다. | • 바르고
고운 말
사용 | • 예의를
지켜 듣
고 말하
기 | • 공감하
며 듣기 | • 배려하며 말하기 | • 담화 관습
의 성찰 | |

[표 5-1] 국어과 말하기 · 듣기 내용 체계표

해설서에 제시된 핵심 개념의 정의를 쉽게 설명하면 각 교과의 핵심이 되는 개념이나 기능, 태도를 말하는 것으로, 교과의 뼈대를 구성하는 핵심적인 학습 요소를 의미한다.

각 교과의 핵심 개념을 분석해 보면 교과별로 핵심 개념을 선정한 방식에 차이가 있음을 알 수 있다. 핵심 개념에 대한 해설서의 정의 그대로 지식적인 요소와 기능, 태도의 범주가 핵심 개념으로 제시된 교과도 일부 있었으나, 대부분의 교과가 지식적인 요소 위주로 제시되어 있음을 확인할 수 있었다. 일부 교과의 경우는 영역을 한 번 더 쪼개 놓은 소영역의 분류로 핵심 개념을 제시해 놓은 경우도 있었다. 이는 교육과정 총론의 개발 방향이 각 교과 각론에 완벽하게 반영이 안 되어 있기 때문이라 생각된다.

일반화된 지식은 교육과정 총론 해설서에서 다음과 같이 언급되어 있다. "핵심 개념을 배우기 위해 학생들이 학습해야 될 학교급을 관통하는 핵심적인 원리 및 지식이며, 일반화된 지식은 구체적인 사실적 지식들을 아우르기 때문에 다양한 상황과 사실들에 보편적이고 일반적으로 적용이 가능하다." 이는 브루너(Jerome Bruner)의 나선형 그림을 생각하면 이해가 쉽다. 내용 체계표의 학년군별 내용 요소에 포함된 초·중·고등학교 지식 요소들이 넓이와 깊이를 더해 가면서 학생들의 인지 구조에 남아 있어야 하는 상태를 문장으로 진술한 개념으로 생각할 수 있다.

내용 체계표의 핵심 개념과 일반화된 지식은 다음 [표 5-2]와 같이 각 교과 내용을 위계화했을 때 가장 상위 위계에 해당하는 개념이다.

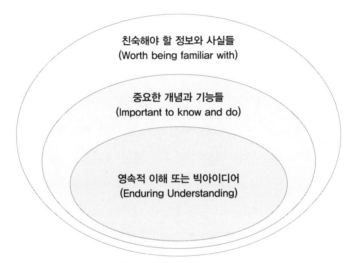

[표 5-2] 교육 내용의 우선순위
(출처 : 이해중심 교육과정, 김경자·온정덕, 2016)

따라서 교사가 내용 체계표의 각 교과 핵심 개념과 일반화된 지식을 교육과정 설계와 수업, 평가에 적용할 때는 다음 사항을 염두에 두어야 한다. 핵심 개념과 일반화된 지식에 제시된 요소들은 단순히 아는 것에서 끝나는 학습이 아닌, 실제 상황이나 다른 맥락에서 핵심 개념을 적용하고 활용할 수 있도록 교육과정과 수업, 평가가 설계되어야 한다.

내용 체계표의 내용 요소는 일반화된 지식 습득을 위한 세부적인 하위 구성 요소들이다. 내용 체계표 가장 오른쪽 칸에 제시된 '기능'은 학년군별 내용 요소를 습득할 때 동반되는 교과 고유의 탐구, 사고 기능들이 제시되어 있다. 기능 요소들은 학생들의 구체적인 행위동사 형식으로 제시되어 있어서, 수업과 평가의 방향성을 제시하는 성격을 갖고 있다. 기능에 해당하는 "표현·전달하기(국어), 추론하기(수학)" 등에 의하여 수업 방법과 이 기능을 수행으로 확인하기 적합한 평가 방법이 선정되기 때문이다.

내용 체계표의 조합으로 만들어진 성취기준

교육과정 문서에는 교육과정 목표 및 구성 중점, 각 교과의 성격 등 다양한 내용들이 제시되었다. 이 중 교실에서 이루어지는 수업, 평가와 가장 직접적인 관련이 있는 것은 성취기준이라 할 수 있다. 교육과정 문해력의 핵심인 교육과정 문서를 바르게 해석하고, 이를 교육과정 운영과 수업, 평가에 반영할 수 있는 능력은 성취기준에 대한 이해와 활용이 가장 실질적이고 중요한 열쇠 역할을 한다.

성취기준은 교과 내용 체계표를 기반으로 만들어졌다. 내용 체계표의 내용 요소와 기능의 조합으로 성취기준이 만들어졌으며, 각 교과의 성취기준을 도달하였을 경우 핵심 개념과 일반화된 지식이 학생들의 인지 구조 속에 형성될 수 있다.

또한 교육과정 총론의 6가지 핵심역량 또한 성취기준과 연관되어 있다. 교과 영역별 성취기준을 이수하였을 때 각 교과의 교과 역량이 형성될 수 있으며, 이를 바탕으로 교육과정 총론의 6가지 핵심역량이 형성될 수 있다. 이와 같이 성취기준은 교육과정-수업-평가의 실제적인 부분과 관련이 있으면서, 총론의 핵심역량에도 연계되어 있는 교육과정 문서와 실제 교육과정, 수업, 평가의 연결고리라 볼 수 있다.

교과 각론에서 성취기준에 대한 해설을 명시해 두었지만, 해설을 읽는 것만으로는 수업과 평가 장면에 적용하는 것이 쉽지 않다. 따라서 성취기준을 분석하고 이를 교육과정, 수업, 평가에 활용하는 구체적인 방법을 이 책의 뒷부분에서 자세하게 다루도록 하겠다.

교과서 각 단원-성취기준 연결표는 없나요?

대구교육청의 경우 교육과정 맵핑 자료를 개발하여 일반 교사들에게 보급하고 있다. 이 교육과정 맵핑 자료는 각 단원별 성취기준 및 학습 요소와 교과서 쪽수 및 배당된 차시까지 자세하게 안내되어 있어, 교사가 교육과정을 재구성할 때 유용하게 활용할 수 있다.

단원	성취 기준	교과서 살펴보기			
		학습 요소	쪽 수		차시
			국어	국어 활동	
1. 장면을 떠올리며	문학[2국05-02] 인물의 모습, 행동, 마음을 상상하며 그림책, 시나 노래, 이야기를 감상한다. 듣기 · 말하기[2국01-03]자신의 감정을 표현하며 대화를 나눈다.	기억에 남는 시나 이야기를 소개하기	6~11		2
		시를 읽고 생각이나 느낌을 말하기	12~17		2
		이야기를 읽고 장면을 떠올려 말하기	18~25	6~7	2
		이야기를 읽고 생각이나 느낌을 말하기	26~33	8~10	2
		시나 이야기를 찾아 읽고 여러 가지 방법으로 전하기	34~37		2

(출처 : 대구광역시 교육청 교육과정 맵핑 자료)

대구광역시 교육청에서 제작한 교육과정 맵핑 자료 다운받는 곳은 다음과 같다.

★대구광역시 교육청 교육과정 맵핑자료 다운받는 곳
☞대구광역시 교육청 홈페이지/부서별홈페이지/교육과정/공개자료실/초등학교 교육과정 담당자 연수 자료집

미래교육의 등대 '역량' A to Z

교육과정 문해력 신장을 위해 역량을 알아야 하는 이유

교육과정 문해력은 교육과정 문서를 읽고, 바르게 해석하는 것에서부터 출발한다. 교육과정 문서를 바르게 읽기 위해서는 교육학적 배경지식이 필요하다. 그럼 현행 교육과정, 앞으로의 교육과정에서 꼭 알고 있어야 할 배경지식은 무엇일까? 바로 역량이다. 현행 교육과정은 총론에서 추구하는 인간상을 위하여 6가지 핵심역량을 제시해 두었고, 각 교과마다 교과 역량을 선정하였다. 또한 교육과정 설계 시에도 역량을 고려해 둔 교육과정 설계 원리가 적용되었으며, 다음 교육과정 해설 문구를 보면 역량을 고려한 수업과 평가가 이루어져야 함을 알 수 있다.

"2015 개정 교육과정 총론 'Ⅳ. 학교 교육과정 편성·운영'의 '3. 평가'와 '4. 교수·학습'에는 역량이라는 용어가 직접적으로 명시되지는 않았지만 역량의 함양을 위한 교수·학습과 평가의 방향이 반영되었습니다." (2015 개정 교육과정 총론 해설서 중 일부)

이와 같이 2015 개정 교육과정은 한마디로 역량 기반 교육과정이라 할 수 있다. 따라서 교육과정 문해력에도 역량이 큰 비중을 차지하고 있으므로 교육과정 문해력을 갖춘 교사가 되기 위해서는 역량에 대한 바른 이해와 이를 교육과정, 수업, 평가에 구현해 낼 수 있는 실천 능력이 필요하다.

미래교육과 역량

'역량'이라는 용어가 등장하게 된 배경은 OECD의 DeSeCo 프로젝트에서 찾을 수 있다. DeSeCo 프로젝트에서는 21세기 모든 사람이 갖추어야 할 핵심역량을 제시하였다. 이 핵심역량이 바로 교육에서 사용되는 역량의 기원이 되었다. 실제 여러 선진국에서 역량을 교육과정에 도입하고 있다.

4차 산업혁명 시대에 사회가 요구하는 인재는 많은 것들을 알고, 이를 그대로 재생해 내는 재생적 지식을 갖춘 인재가 아니다. 미래 사회에 맞는 창의융합형 인재를 요구하고 있으며, 이를 위하여 우리 교육에서는 핵심역량이라는 것을 선정하였다. 미래 사회에 필요한 인재를 키워 내는 것이 우리 교육의 가장 큰 역할로 보았기 때문이다. 이에 따라 '미래교육' 이라는 말이 등장하였고, 결국 미래교육을 논할 때 함께 생각해야 하는 것이 역량이며, 이를 어떻게 교육에 풀어 낼지가 미래교육의 핵심이다.

역량이란 무엇인가

역량을 쉽게 말하면 단순히 지식을 습득하는 데서 그치는 것이 아니라 습득한 지식을 활용하여 무엇인가를 할 수 있는 것을 말한다. 역량을 "길을 아는 것과 길을 직접 걸어가는 것의 차이"라고 표현하는 사람도 있다.

역량에 대한 여러 정의를 종합해 보면, 역량을 이루고 있는 요소는 지식·기능·태도로 볼 수 있다. 그런데 단순히 '지식+기능+태도'로 나타나는 것이 아니다. 역량은 지식·기능·태도가 드러날 수 있는 실제 상황 혹은 다른 새로운 맥락의 상황에서 '지식×기능×태도'가 콜라보된 장면으로 드러난다.

토론을 예로 들자면, 토론의 순서를 알고, 주장은 무엇이며, 어떻게 해야 하며, 근거는 무엇인지, 어떻게 제시해야 하는지 아는 것은 토론에 대한 역량이 아니다. 떨리고, 흥분되는 실제 토론 상황(맥락)에서 토론의 절차(지식)를 지켜 자신의 주장을 제시(기능)하고, 상대방의 반박 의견을 존중(태도)하며 차분하고 냉철(태도)하게 자신의 의견을 제시(기능)할 수 있는 능력이 바로 토론의 역량이라 볼 수 있다. 이와 같이 역량은 지식·

기능·태도가 맥락과 실제 상황에 해당되는 무대에서 수행으로서 드러나는 특징을 갖고 있다.

What do children have to learn?

Disciplinary knowledge
Interdisciplinary knowledge   Knowledge
Practical knowledge

Cognitive and meta-cognitive skills
Social and emotional skills   Skills
Physical and practical skills

Attitudes &
Values

Competencies   Action

(출처 : OECD Education 2030 Framework)

역량을 위한 교육과정, 수업, 평가

역량 함양을 위한 교육과정은 많은 지식들을 병렬로 늘어놓은 교육과정 설계와 맞지 않는다. 핵심 개념와 일반화된 지식을 중심으로 내용을 위계화하여 핵심 개념에 해당하는 요소들로 교육 내용을 선별한 후, 좀 더 깊고 넓게 배울 수 있도록 교육과정을 설계해야 한다. 또한 역량은 실제 생활과 연계된 맥락에서 드러나고 키워질 수 있기 때문에, 실제 생활 장면과 관련된 주제를 선정하여 교과 간 통합이 이루어질 수 있도록 교육과정을 설계할 필요가 있다.

역량 함양을 위한 수업의 경우 교과 지식과 기능을 깊이 있게 탐구하고 경험할 수 있도록 학생 참여형 수업을 활성화할 것을 강조하고 있다 (2015 개정 교육과정 총론). 이를 위하여 수업에서 사용하는 자료를 교과서만이 아닌 실제 학생들의 생활과 밀접한 소재들을 활용해야 하며, 성취기준과 관련된 수행과제를 제시하여 역량이 실제 맥락에서 키워지고 확인할 수 있도록 해야 한다.

평가의 경우 역량은 지식·기능·태도가 조합되어 실제 맥락에서 수행으로서 드러나는 성격을 갖고 있기 때문에 선택형·단답형 지필평가와는 맞지 않는다. 따라서 실제적 맥락을 평가 장면으로 활용한 수행평가가 적극 활용되어야 한다. 수행과제는 학생들의 성취기준과 관련된 내용으로 선정되어야 하며, 지식·기능·태도가 잘 드러날 수 있도록 평가 장면을 설계해야 한다.

역량 교육에 대한 비판 : 현장을 알고 하는 소리일까?

최근 역량 교육의 중요성이 대두되면서 역량 교육에 대한 비판의 목소리도 많이 나오고 있다. 이들은 교과 고유의 지식에 대한 중요성을 강조하며, 지식이 있어야 역량도 발휘될 수 있음을 이야기한다. 역량 중심 교육이 자칫 지식이 결여된 교육이 될 수 있음을 우려하고 있다.

하지만 이러한 주장은 우리 교육 현장의 생리를 잘 파악하지 못한 데서 기인한다. 우리 교육 현장이 교육과정 문서에서 강조한 사항들을 백퍼센트 즉시 실천해 내는 구조로 되어 있는가? 교과서만 봐도 역량 기반 교육을 제대로 담아 내지 못하고 있는 것이 보인다. 또한 교육과정 문서가 실제 전국의 많은 교실에서 수업으로 구현되기까지는 현실적인 제약들이 많다.

극단적으로 이야기하면, 역량 교육이 2015 개정 교육과정에서 처음으로 강조되고, 이를 위한 수업과 평가의 방향이 강조되었다고 해서 현장의 수업과 평가가 백퍼센트 역량 교육으로 변화되는 것은 정말 꿈같은 이야기이다.

거꾸로 이야기하면 현재 교육과정 문서의 역량 교육에 대한 수준 정도도 언급이 안 된다면 우리나라의 학교 교육은 지식·암기 중심 교육에서 영원히 벗어날 수 없을 것이다.

Core 4 TIP_ 균형의 중요성

역량 교육이 중요시되고 있지만, 역량도 결국은 지식, 즉 학생들의 머릿속에 무엇인가 들어가 있는 게 있어야 나오는 것이다. 따라서 역량 기반 교육이라고 해서 과거의 지식 중심 교육을 버리라는 것이 아니라, 지식에 대한 교육과 역량에 대한 교육의 균형을 맞추어야 한다는 것이다. 이 균형의 정도는 학교급에 따라 다를 수 있고, 성취기준 성격에 따라 다를 수 있다.

교육과정 5가지 설계 원리

벤츠, BMW, 아우디, 루이비통, 구찌……. 명품의 브랜드는 누가 봐도 "어느 회사 제품이구나!" 하고 한눈에 알아볼 수 있다. 각 브랜드만의 고유한 디자인 철학이 있기 때문이다. 또한 각 회사마다 제품을 만들어 내는 제작 노하우가 있다. 이러한 디자인 철학과 제작 노하우에 의하여 '명품'이라는 칭호가 붙고, 대중들은 비싼 값을 지불하고 제품을 구매한다.

배움을 디자인하는 교사도 이와 유사하다. 학생들에게 배움이 일어나게 하기 위해서는 교육과정을 디자인해야 한다. 이때 내가 맡고 있는 학생에게 꼭 맞는 교육이 되기 위하여 자신만의 디자인 철학이 담긴 '교육과정 콘셉트'를 잡을 수 있어야 한다. 목적과 방향성이 없는 교육과정, 즉 콘셉트가 없는 교육과정 운영은 학생들에게 배움이라는 선물을 주기는커녕 교과서 내용 전달하기에 바쁜 교육과정 운영이 되어 버리기 때문이다.

학생들의 요구와 교사의 교육철학을 반영한 교육과정 콘셉트를 설정하고, 수많은 성취기준들이 수업과 평가라는 틀 안에서 교육과정 콘셉트에 맞게 잘 돌아가게 하기 위해서는 최적화된 교육과정 설계 노하우가 있어야 한다. 학생들에게 꼭 맞는 교육과정 콘셉트와 교육과정 문서를 녹여 낼 수 있는 설계 노하우가 있어야 교육과정 문해력을 갖춘 교사라 할 수 있다.

교육과정 설계 원리 1 – 교육과정 콘셉트 잡기

교사는 학생들에게 꼭 맞는 배움이 일어날 수 있도록 학생들이 일 년 동안 함께 할 교육과정의 콘셉트를 잡을 수 있어야 한다. 다문화 학생이 많은 학교에서는 다문화 감수성을 키울 수 있는 주제로 교육과정 운영 방향을 설정하고, 학교 폭력이 많이 일어나는 학교는 인성과 관련된 인성 중심의 교육과정 운영 방향을 설정하는 것이다. 어떻게 보면 주제 중심 재구성 교육과정의 주제 선정과 같다고 생각할 수 있겠지만, 교육과정 콘셉트 잡기는 교육과정 재구성의 주제 선정만이 아닌 수업과 평가의 방향성도 함께 생각해야 하는 것이다.

예를 들어 학교 폭력이 많이 일어나는 학교의 인성 중심 교육과정 콘셉트는 인성과 관련된 온작품읽기나 역할놀이 등 인성 관련 수업 방법을 잡는 것도 포함하며, 평가에서도 인성과 연계된 정의적 평가를 강화하는 방향으로 교육과정-수업-평가가 모두 연계된 교육과정의 운영 방향을 설정하는, 교육과정 재구성의 주제 선정보다는 넓은 개념이다.

교육과정 콘셉트 설정이 중요한 이유는 재구성을 위한 '억지' 재구성을 피할 수 있기 때문이다. 혁신학교에 근무하는 한 교사와 교육과정 재구성에 대하여 이야기를 나눌 기회가 있었다. 그 교사는 솔직하게 교육과정 재구성의 노예가 된 느낌이라는 표현까지 썼다. 새 학기가 시작되기 전에 관례적으로 교육과정 재구성을 해야 하고, 의미 없는 주제를 정하고, 이 주제에 맞게 성취기준 끼워 맞추기식의 교육과정 재구성을 하고 있다고 했다. 이는 교육과정 재구성이 수단이 아닌 목적이 되어 버렸기 때문이다.

원래 교육과정 재구성은 초창기 혁신학교에서 학생들에게 꼭 맞는 배움이 일어나는 맞춤형 교육과정을 만들어 내기 위하여 그 도구로 쓰였던 것이다. 그런데 어느 순간 교육과정 재구성이 혁신학교의 필수 요소로 자리 잡으면서, 배움이라는 목적은 사라지고 재구성이라는 행정적 성과와 이를 위한 시스템만이 남아 영혼 없는 기계식 교육과정 재구성이 현장의 많은 학교에 자리 잡고 있는 상황이다.

따라서 학생들에게 배움이 일어나는 교육과정을 설계하기 위해서는 가장 먼저 교육과정 콘셉트를 잡는 것부터 시작해야 한다. 동 학년 교사들과 함께 우리 학생들의 특징은 어떠한지, 우리 학생들에게 어떤 교육이 필요한지 먼저 생각해야 한다. 학생들에게 꼭 필요한 주제를 선정하는 것도 포함되고, 학생들에게 필요한 수업과 평가의 방향을 잡는 것도 해당된다. 학생들에게 필요한 것들을 함께 선정하였으면 이것이 바로 교육과정 콘셉트의 출발점이 되는 것이다.

교육과정 콘셉트 설정 시 고려할 점

1. 실태를 반영한 교육과정-수업-평가 운영 방향 설정

- 선행학습 비율이 50%를 넘어가는 학교
- 단순 지식 전달식 교육과정 구성이 아닌 지식을 실제 생활에 활용하는 프로젝트 중심 교육과정 설계
- 단순 지식 위주의 평가가 아닌 수행평가 비율 확대
- 학교 폭력 다수 발생 학교
- 교육과정 : 인성 도서를 활용한 온작품읽기 재구성 주제 선정
- 수업 : 인성 관련 역할극 수업, 인성 관련 UCC 제작 등 프로젝트 수업 방법 활용
- 평가 : 수행평가 루브릭 제작 시 협력, 의사소통 등의 태도 요소 적극 반영

2. 실태를 반영한 교육과정 재구성 주제 선정

- 다문화 학생이 다수 재학하는 학교
- 다문화 주제 중심 교육과정 운영
- 농촌 지역에 위치하여 문화 체험의 기회가 적지만, 지방자치단체의 학교 예산 지원이 풍부한 학교
- 체험 중심 교육과정 운영(성취기준 연계 문화 체험 장소를 활용한 교육과정 재구성)

3. 마을 교육과정 : 학생들의 삶과 연계된 교육과정 콘셉트를 위하여 마을을 활용

- 교육과정 : 마을의 문제를 주제로 한 교육과정 재구성
- 우리 마을 가이드북 만들기, 마을 문제 관련 캠페인 프로젝트
- 수업 : 성취기준 도달을 위하여 마을을 수업의 소재로 적극 활용
- 평가 : 마을 관련 프로젝트 활동을 수행평가로 활용

교육과정 설계 원리 2 - 교육과정 최적화(Optimize)

앞 단계에서 교육과정 콘셉트를 잡았으면 이에 맞추어 교육과정을 최적화시키는 교육과정 설계 원리이다. 그럼 어떻게 교육과정을 최적화시킬 수 있을까? 교육과정 최적화는 성취기준의 재배치를 의미한다. 여러 교과의 수많은 성취기준들을 교과 순서 그대로 교육과정을 운영하는 것이 아닌, 배움을 위한 최적화된 조합과 재배치된 순서로 운영함으로써 최적화된 교육과정 운영이 될 수 있도록 하는 것이다.

[표 5-3] 교육과정 콘셉트에 맞춘 성취기준 최적화 배열

축구 포메이션에 해당하는 [표 5-3]에는 교육과정 최적화 설계 원리가 잘 드러나 있다. 교육과정 최적화는 축구 감독이 선수를 선발하고, 선수의 특성에 맞게 수비와 공격에 최적화된 배치로 경기 전략과 포메이션을 짜는 것과 비슷하다.

[표 5-3]에서 축구선수는 성취기준에 비유할 수 있다. 교육과정 재구성 주제를 선정하였으면, 이 주제와 관련된 성취기준들을 차출하는 것이다. 그리고 차출된 성취기준들을 분석하여 어떤 성취기준들은 '다문화'와 관련된 주제로 모아서 함께 새로운 포메이션을 형성하고, 어떤 성취기준들은 '마을 캠페인 프로젝트'와 관련된 새로운 포메이션을 형성하도록 성취기준들을 재배치한다.

축구에서는 예리한 눈으로 선수를 선발하고. 그 선수들로 최적의 효과를 낼 수 있는 포메이션을 짜는 감독이 유능한 감독이다. 교사의 교육과정 설계도 이와 비슷하다. 수많은 성취기준 중 주제와 관련된 성취기준을 볼 수 있는 눈과 배움이 최대한 일어날 수 있도록 성취기준들을 새롭게 재배치할 수 있는 교육과정 설계 능력이 필요하다. 이러한 능력이 바로 교육과정 설계에 필요한 교사의 교육과정 문해력이라 할 수 있다.

교육과정 설계 원리 3 – Less is more

Less is more는 내용은 슬림하게 하되 대신 깊이 있게 교육 내용을 구성하자는 뜻으로, 이해중심 교육과정에서 나온 설계 원리이다. 이해중심 교육과정은 '이해'를 학습의 중요한 결과로 보는데, 어떻게 보면 역량과 유사하다고 볼 수 있다. 이해한다는 것은 학습 내용을 완전한 자기 것으로 습득하여 실제 무엇인가를 할 수 있는 학습 수준을 의미한다. 역량은 핵심역량, 교과 역량과 같이 범위가 큰 단위에서 사용되고, 이해의 경우 성취기준 단위인 학습 단위에서 사용되는 것으로 구별할 수 있다.

이해와 역량 함양을 위한 수업은 아는 데서 그치는 것이 아니라, 알고 있는 것을 수행으로써 드러내는 활동이 필요하다. 이 때문에 많은 지식을 전달하는 내용 병렬 방식의 교육과정과는 맞지 않는다. 역량을 키우는 교육을 하기 위해서 Less is more의 교육과정 설계 원리를 꼭 알아야 한다. 현행 교과서가 아직 많은 학습 주제들을 위계 없이 병렬식으로 배치하고 있는 교육과정으로 설계되어 있기 때문이다.

핵심 개념에 해당하는 중요한 학습 요소를 중심으로 학습 내용을 적정화(Less)하기 위하여 성취기준과 직접적인 관련이 없는 내용은 과감히 덜어 내야 한다. 핵심 개념을 위해서 꼭 필요한 주제만 남겨 두고, 핵심 개념 관련 프로젝트, 토의·토론, 조사 발표 및 보고서 작성 등의 역량을 키울 수 있는 활동들로 대체해야 한다. 이처럼 많은 내용을 덜어 내고 핵심 개념을 좀 더 깊이 있게 학습할 수 있는 활동(More)으로 채워 넣는 것이 Less is more의 교육과정 설계 원리이다.

Less is more 설계 원리에 따라서 교육과정을 설계할 때, 어떤 것이 핵심 개념 및 성취기준과 관련이 있는지를 알아볼 수 있는 눈이 있어야 한다. 실제 교과서를 보면 성취기준과 관련이 없거나 필요 이상의 많은 내용들로 교육 내용이 구성되어 있는 것을 쉽게 확인할 수 있다. 핵심 개념 및 성취기준과의 연관성에 의하여 교과서를 분석하고, 성취기준과 관련된 역량이 드러날 수 있는 수업과 평가 장면을 선정할 수 있는 눈이 바로 교육과정 문해력이다.

Less is more에 의한 교육과정 설계 방법

• 교육과정을 재구성하라고 하여 교과서를 버리라는 것은 아니다. 교과서에서 쓸 것은 쓰고 버릴 것은 버리면서 선택적으로 활용하는 것이 효율적인 방안이다.

예) Less is more 교육과정 설계 원리에 의하여 성취기준 "[4사02-03] 옛사람들의 생활 도구나 주거 형태를 알아보고, 오늘날의 생활 모습과 비교하여 그 변화상을 탐색한다." 단원을 재구성한 사례

차시	기존 교과서 단원 구성	차시	적정화 원리에 의한 단원 구성
1	단원 학습 내용 예상하기	1	옛날 생활 도구 조사발표 학습을 위한 모둠별 역할 및 조사 방법 정하기
2	자연에서 얻은 도구를 사용하던 옛날의 생활 모습 알아보기	2~3	탐라박물관 현장체험학습을 통하여 모둠별 각자 맡은 생활 도구 조사자료 수집하기 〈현장학습〉
3	새로운 도구를 만들어 사용하던 옛날의 생활 모습 알아보기		
4	농사 도구의 변화로 달라진 사람들의 생활 모습 알아보기	4	조사한 사진 및 조사기록장을 활용하여 모둠 발표 자료 만들기 〈보고서 평가〉
5	음식과 옷을 만드는 도구의 변화로 달라진 사람들의 생활 모습 알아보기	5	모둠별 옛날 생활 도구를 발표하고 오늘 날과 달라진 점 브레인스토밍 학습하기 〈관찰평가〉
6	사람들의 사는 집의 모습 변화 알아보기	6	모둠별 브레인스토밍 월드카페 활동하기
7	집의 변화로 달라진 사람들의 생활 모습 알아보기	7	타임머신을 타고 온 세종대왕님의 일기 쓰고 발표하기 〈논술형 평가〉

[Core 5-3 TIP] 안에 있는 왼쪽의 교과서 교육과정 설계는 많은 내용의 병렬형 설계를 보여주고 있다. 1차시는 단원 도입의 성격을 갖고 있는데, 성취기준과 큰 관련이 없는 도입 활동에 40분 전체를 할애하고 있다. 성취기준인 옛사람들의 생활 도구나 주거 형태를 알아보는 활동으로는 다양한 옷, 음식, 주거 등 많은 내용의 변화를 알아보는 데 초점이 맞추어져 있다. 역량보다는 지식적인 요소에 중점을 둔 교육과정 설계라 할 수 있다.

반면 Less is more 설계 원리에 의한 교육과정 설계는 옛날 생활 모습에 대한 지식적인 활동은 최소화하고, 학생들이 변화 모습을 비교할 수 있는 자료를 직접 만들고 모둠원들과 추론하고 의견을 모아 가는 역량을 키울 수 있는 깊이 있는 활동들로 교육과정을 구성하였다. 이와 같이 성취기준 도달에 큰 지장이 없다면 지식적인 부분을 강조하고 많은 내용을 전달하려는 목적을 지닌 교육과정을 구성할 것이 아니라, 꼭 필요한 내용만 선정하면서 역량을 키울 수 있는 깊이 있는 학습이 되도록 교육과정을 설계해야 한다.

교육과정 설계 원리 4 – 보급형 백워드(Semi Backward)

백워드(Backward)는 사전적 의미로 '뒤쪽의, 거꾸로'의 뜻을 지니고 있는데, 이해중심 교육과정의 교육과정 설계 방식이다. 학습목표를 정한 후 학습목표 도달도를 확인할 수 있는 수행평가 과제를 먼저 선정한 후 수

업 내용을 구성한다. 평가가 수업보다 먼저 설계되는 절차이기 때문에
'백워드'라는 이름으로 불린다.

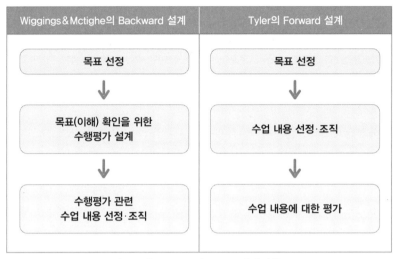

Wiggings&Mctighe의 Backward 설계	Tyler의 Forward 설계
목표 선정	목표 선정
↓	↓
목표(이해) 확인을 위한 수행평가 설계	수업 내용 선정·조직
↓	↓
수행평가 관련 수업 내용 선정·조직	수업 내용에 대한 평가

[표 5-4] Backward와 Forward 설계 방식

맥타이(Jay McTighe)와 위깅스(Grant Wiggings)의 백워드 설계는 여러 가
지 장점이 있다. 이해의 확인을 위한 수행과제를 수업 활동으로 구성하
여 역량을 키울 수 있는 교육과정 설계가 가능하다. 또한 평가 과정 자
체가 학생의 성장을 위한 매개체가 될 수 있으며, 교육과정-수업-평가
의 일체화가 자동으로 이루어질 수 있고, 과정중심평가를 위한 교육과
정 운영이 될 수 있다.

하지만 백워드 설계에는 여러 가지 복잡한 절차가 있다. 수행과제
를 선정할 때는 GRASPS(Goal, Roal, Audience, Situation, Product, Standard)

의 원리, 수업 내용 선정·조직 시에는 WHERETO(Where·Why, Hook, Equip·enable, Rethink·reflect·revise, Evaluate, Tailored, Organize)의 원리를 제시하고 있다. 또한 새로운 단원을 개발할 때 새 단원의 빅아이디어, 영속적 이해 등을 새롭게 선정하는 절차가 있다. 이렇듯 개념 이해도 쉽지 않은 어려운 단어와 복잡한 절차 때문에 이해중심 교육과정을 접할 때 말 그대로 이해에 어려움을 겪어 실천으로 연결하지 못하는 경향을 보인다.

하지만 백워드 설계의 핵심은 이해를 학습의 중요한 목표로 보고, 이를 확인하기 위한 수행과제 선정에 의한 학습 내용 선정·조직에 있다. 따라서 필자는 이러한 백워드 설계의 이해 확인을 위한 메커니즘(목표 선정→수행평가 과제 선정→수업 내용 선정·조직)은 그대로 살리고 부수적인 요소들은 생략하는 보급형 백워드 방식에 의한 교육과정 설계를 추천하고 싶다.

이를 위해서는 성취기준과 각 교과 영역별 제시된 내용 체계표의 핵심 개념과 일반화된 지식의 적극적인 활용이 필요하다. 빅아이디어와 영속적 이해를 새롭게 선정하는 어려운 절차 대신에, 해당 성취기준과 관련된 내용 체계표의 핵심 개념과 일반화된 지식을 활용하여 교육과정을 설계할 수 있다. 여력이 된다면 GRASPS, WHERETO의 원리를 지키는 것이 물론 좋겠지만, 수행과제 선정에 필요한 평가 도구 개발에 대한 전문성과 어느 정도의 수업 디자인 능력만 있다면 두 원리를 꼭 지키지 않아도 이해를 확인하는 목표 도달에는 큰 지장이 없다고 생각된다.

실제 필자가 교육과정 개발 관련 정책 연구학교를 운영하면서 사용하였던 방식이 보급형 백워드 방식이었다. 성취기준을 먼저 확인하고, 성취기준에 대한 이해를 확인할 수 있는 수행과제를 선정한 후 수업 내용을 선정·조직하는 간단한 절차만으로 각 학년의 교육과정이 설계될 수 있도록 하였다. 2년 동안 이 과정을 겪으면서 느낀 것이, 복잡한 백워드 설계 방식을 다 지키는 방식과 백워드의 본질인 목표에 대한 평가 계획을 먼저 수립하고 수업 내용을 선정·조직하는 방식을 비교했을 때 학생들의 이해에 대한 산출물은 큰 차이가 없었다.

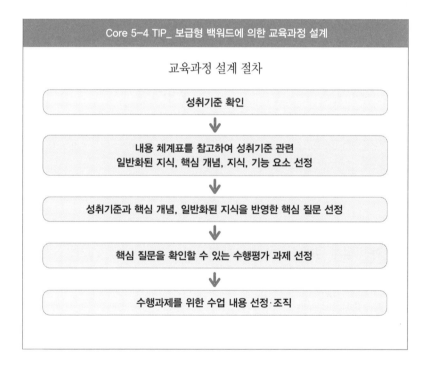

보급형 백워드 방식에 의한 교육과정 설계 예시

성취기준	평가 계획	수업 계획
[6사08-05] 지구촌의 주요 환경문제를 조사하여 해결 방안을 탐색하고, 환경문제 해결에 협력하는 세계시민의 자세를 기른다.	지구촌 환경문제 해결을 위한 모둠 토의 및 세계시민 선언문 작성	〈1~2차시〉 모둠별 지구촌 문제 조사 - 모둠별 지구촌 환경문제에 대해 인터넷 조사, 학습하고 발표 자료 만들기 〈3차시〉 해결 방안 모둠 토의 - 조사해 온 지구촌 환경문제 발표하기 - 각 모둠이 조사해 온 환경문제에 대한 모둠별 해결 방안 토의하기 〈4차시〉 성취기준에 대한 이해 확인 수행과제 - 환경문제 해결을 위한 세계시민선언문 작성
[6사08-06] 지속가능한 미래를 건설하기 위한 과제(친환경적 생산과 소비 방식 확산, 빈곤과 기아 퇴치, 문화적 편견과 차별 해소 등)를 조사하고, 세계시민으로서 이에 적극 참여하는 방안을 모색한다.	지속가능한 미래 건설을 위한 과제와 이를 위해 우리가 할 일 캠페인 UCC 제작	〈5차시〉 지속가능한 발전의 의미 탐구 - 신문 기사를 통한 지속적 발전 가능 사례 소개 - 사례를 통한 지속적 발전 가능 사례의 의미 만들기 〈6차시〉 지속가능한 발전의 의미 탐구 - 컴퓨터실을 활용한 모둠 인터넷 조사 학습 〈7~8차시〉 성취기준에 대한 이해 확인 수행과제 - 지구촌 지킴이 UCC제작 - 지속가능한 발전 위한 친환경 실천 방법 알아보고, 이를 위한 캠페인 제작 계획 세우기 - 지속가능한 발전을 위한 지구촌 지킴이 UCC 발표

교육과정 설계 원리 5 – Linking과 Puzzling

• 성취기준의 Linking

핀란드의 과학 교과서에는 자전거가 움직이는 원리를 배우는 단원에 자전거 안전교육도 함께 제시되어 있다. 역사 교과서에 나온 중요한 역사적 사건의 연도를 활용하여 수와 연산을 함께 다루기도 한다. 핀란드의 교과서는 한 주제가 교과서에 제시되면 그 교과에 대한 학습만 이루어지는 것이 아닌 그 주제와 연계된 타 교과 내용이 함께 수록되어 있다. 이러한 교과서 개발 방식으로 핀란드의 교사들은 특별히 교육과정 재구성의 필요성을 못 느낀다고 한다.

하지만 우리나라는 교과 학문 중심으로 교과서가 구성되어 있기 때문에 교사들이 직접 교과 영역과 교과서 순서를 넘어선 교육 내용 간의 연결점을 찾는 눈을 갖춰야 한다. 각 성취기준과의 연계성(Link)을 찾아 효율적이고 경제적인(차시 절약의 효과) 교육과정을 설계할 수 있는 능력이 교육과정 문해력이라 할 수 있다. 성취기준을 연계하여 하나의 수행과제로 교육과정을 설계하면 성취기준 이수에 필요한 차시의 양을 줄일 수 있고, 이를 통해 여유 차시로 교사 재량의 다양한 활동을 설계할 수 있다.

Core 5-5 TIP_ 성취기준 Linking에 의한 교육과정 설계

효율적이고 경제적인 교육과정을 설계하는 방법

- 성취기준 Linking은 주로 한 교과의 전체 단원에 타 교과의 특정 성취기준이 보조적인 수단으로 쓰일 때 사용된다. 일반적으로 지식적 성격이 강한 성취기준과 기능적 요소가 강한 성취기준이 서로 조합하여 하나의 수행과제를 만드는 것이 효율적이다.

예) 수학과의 '분류하기'라는 기능적 성격이 강한 "[2수05-01] 교실 및 생활 주변에 있는 사물들을 정해진 기준 또는 자신이 정한 기준으로 분류하여 개수를 세어 보고, 기준에 따른 결과를 말할 수 있다." 성취기준과 슬기로운 생활의 '동식물'이라는 지식적 요소가 강한 "[2슬04-03] 여름에 볼 수 있는 동식물을 살펴보고, 그 특징을 탐구한다." 성취기준을 '동식물의 분류 기준을 세워 분류하기'라는 수행과제로 연결지어 교육과정을 재구성할 수 있다.

• 성취기준의 Puzzling

하나의 주제에 여러 가지 성취기준을 조합하는 것은 주제중심 통합교육과정에 필요한 교육과정 설계 원리다. 예를 들어 교육과정 재구성 주제를 다문화로 정한 경우 다문화 감수성을 키우는 데 도움이 될 수 있는 성취기준들을 선정한 후 서로 시너지 효과가 발휘될 수 있도록 교육과정을 설계하는 방식이다. 주제와 관련된 퍼즐 조각(성취기준)을 찾고, 그 퍼즐 조각들을 맞춰 새로운 그림을 완성하는 원리와 같다.

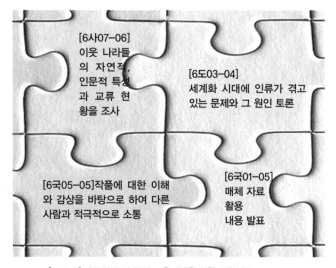

[표 5-5] 다문화 주제 중심 교육과정을 위한 성취기준 Puzzling

[표 5-5]에서 사회 [6사07-06] 성취기준과 도덕 [6도03-04] 성취기준은 교사가 아니어도 다문화 교육과 관련된 내용인지 파악할 수 있다. 그러나 [6국05-05] 성취기준은 다문화와 직접적인 관련은 없지만 다문화

관련 도서를 선정하여 온작품읽기로 다문화 감수성을 키울 수 있는 수업으로 성취기준을 활용할 수 있다. 또한 [6국01-05] 성취기준은 다문화 감수성을 알고 이를 실제 실천인 다문화 캠페인 UCC 제작·발표와 같은 이해를 확인하는 활동으로 성취기준을 활용할 수 있다. 이와 같이 주제중심 통합교육과정에서는 성취기준의 다양한 활용 가능성을 볼 수 있는 눈이 있어야 한다.

주제중심 통합교육과정에서는 주제와 관련된 퍼즐 조각을 찾아낼 수 있는 눈과 찾아낸 퍼즐 조각으로 새로운 그림을 완성할 수 있는 능력이 바로 성취기준을 해석하고 설계하는 교육과정 문해력에 해당된다. 성취기준의 다양한 활용 가능성을 볼 수 있는 눈이 교육과정 설계 시 요구되는 교육과정 문해력 요소 중 한 가지라 볼 수 있다.

Core 5-5 TIP_ 성취기준 Puzzling 시 자주 쓰이는 성취기준	
성취기준	**활용**
[4국01-02] 회의에서 의견을 적극적으로 교환한다.	주제에 대한 토의·토론 활동
[6국01-02] 의견을 제시하고 함께 조정하며 토의한다.	
[6국01-03] 절차와 규칙을 지키고 근거를 제시하며 토론한다.	
[6국01-04] 자료를 정리하여 말할 내용을 체계적으로 구성한다.	주제에 대한 조사 발표 학습
[6국01-05] 매체 자료를 활용하여 내용을 효과적으로 발표한다.	
[4국03-03] 관심 있는 주제에 대해 자신의 의견이 드러나게 글을 쓴다.	주제에 대한 생각을 표현하는 글쓰기
[4국03-04] 읽는 이를 고려하며 자신의 마음을 표현하는 글을 쓴다.	
[6국03-03] 목적이나 대상에 따라 알맞은 형식과 자료를 사용하여 설명하는 글을 쓴다.	

[4수05-01] 실생활 자료를 수집하여 간단한 그림그래프나 막대그래프로 나타낼 수 있다.	과학 및 사회 교과 성취기준과 연계한 통계를 활용한 보고서 쓰기
[6수05-04] 자료를 수집·분류·정리하여 목적에 맞는 그래프로 나타내고, 그 래프를 해석할 수 있다.	
[4사03-02] 고장 사람들의 생활과 밀접하게 관련이 있는 지역의 다양한 중심지(행정, 교통, 상업, 산업, 관광 등)를 조사하고, 각 중심지의 위치, 기능, 경관의 특성을 탐색한다.	마을 주제 교육과정 재구성 시 활용
[4사03-06] 주민 참여를 통해 지역 문제를 해결하는 방안을 살펴보고, 지역 문제의 해결에 참여하는 태도를 기른다.	
[6미01-04] 이미지를 활용하여 자신의 느낌과 생각을 전달할 수 있다.	타 교과 학습 후 비주얼씽킹 활동
[4도02-02] 친구의 소중함을 알고 친구와 사이좋게 지내며, 서로의 입장을 이해하고 인정한다.	인성 관련 주제중심 교육과정에서 활용
[4도02-04] 협동의 의미와 중요성을 알고, 경청·도덕적 대화하기·도덕적 민 감성을 통해 협동할 수 있는 능력을 기른다.	
[6미01-05] 미술 활동에 타 교과의 내용, 방법 등을 활용할 수 있다.	온작품읽기 후 작품 표지 만들기 등

교과서 골라 쓰는 법

교육과정 총론에서 강조하고 있는 역량을 키우는 교육은 현재의 교과서
만으로는 불가능에 가깝다고 할 수 있다. 교과서 구성이 역량을 키우기
위한 깊이 있는 학습이 이루어지도록 구성되어 있지 않기 때문이다. 역량
뿐만 아니라 융합적 사고를 키우는 데도 현재의 교과서 구성으로는 한계
가 있다. 이러한 맥락으로 총론에서도 역량을 키우기 위한 교육과정 운영
을 위하여 교육과정 재구성을 교수·학습 운영 방향으로 언급하고 있다.

2. 교수·학습

가. 학교는 교과목별 성취기준에 따라 다음과 같은 사항에 중점을 두고 교
　수·학습이 이루어지도록 한다.

　3) 학생의 융합적 사고를 기를 수 있도록 교과 내, 교과 간 내용 연계성을
　　고려하여 지도한다.

이뿐 아니라 교과서 세부 내용에 대한 오류와 비판은 수도 없이 많다. 교과서에 대한 여러 비판적인 시각에도 불구하고, 교과서는 여전히 대부분의 교사들이 수업에서 활용하는 절대적인 자료이다. 현실적으로도 교과서를 버리고 교사 스스로 모든 수업을 새롭게 디자인하는 것은 불가능에 가깝다. 우리나라 교사는 수업 말고도 해야 할 일들이 너무 많기 때문이다.

그럼 교과서를 잘 활용할 수 있는 방법은 없을까? '2학년 수학 5. 분류하기' 단원을 예시로 알아보도록 하겠다. 이 단원은 "[2수05-01] 교실 및 생활 주변에 있는 사물들을 정해진 기준 또는 자신이 정한 기준으로 분류하여 개수를 세어 보고, 기준에 따른 결과를 말할 수 있다."라는 성취기준 도달을 위하여 다음과 같이 총 8차시로 구성되어 있다.

	학습 주제
1차시	단원 도입
2차시	분류 기준의 필요성 알기
3차시	기준에 따라 분류하기
4차시	카드 분류 놀이하기
5차시	기준에 따라 분류하고 수 세기
6차시	기준에 따라 분류한 결과 말하기
7차시	단원평가
8차시	팔찌 만들기

그런데 위 8차시 내용을 군이 다 학습해야 할까? 이 단원의 성취기준 도달을 위해서는 8차시의 모든 주제가 필요하지 않다. 교과서를 효율적으로 쓰기 위해서는 성취기준과 각 차시의 연계성을 분석하여 버릴 것

은 버리고, 쓸 만한 내용은 남겨 두는 선별적 활용법이 필요하다.

대부분 교과서 단원의 첫 차시에는 그림 하나를 두고 1차시 분량을 배정해 두었다. 그런데 단원 도입에 굳이 1차시를 할애해야 할까? 대부분의 교사들은 단원 도입에 1차시를 배정하지 않았다. 따라서 1차시 단원 도입은 생략해도 성취기준 도달에 큰 지장이 없다고 판단된다.

또한 '4차시 카드 분류 놀이하기'와 '8차시 팔찌 만들기'의 경우도 놀이 수학과 생활 속 수학의 측면에서 도입한 차시인데, 해당 차시를 하지 않는다고 하여서 성취기준 도달에는 큰 지장이 없다. 이와 같이 1, 4, 8차시의 내용들은 성취기준 도달에 직접적인 연관성이 없기 때문에 수업에서 다루지 않아도 큰 지장이 없다. 따라서 교과서의 내용 중 1, 4, 8차시는 버려도 되는 차시이다.

이와 같이 교과서의 각 차시 주제를 성취기준과의 연계성에서 분석하면, 성취기준 도달을 위해 생략하여도 무방한 차시들이 꽤 많이 있다. 이는 교과서 개발자들이 교과서 내용을 구성하는 단계에서 제한된 성취기준을 배당된 차시에 맞추다 보니 발생한 현상으로 해석할 수 있다.

반면 2, 3, 5, 6차시는 성취기준 도달에 직접적인 영향을 미칠 수 있는 내용이다. 따라서 2, 3, 5, 6차시는 성취기준 도달이라는 관점에서 봤을 때 교과서에 있는 내용들을 그대로 활용하는 것이 효율적일 수 있다.

이와 같이 버릴 수 있는 1, 4, 8차시와 그대로 써도 좋은 2, 3, 5, 6차시로 구분하였다면, 확보된 3차시 분량을 교사가 새롭게 구성할 수 있다. 이 새롭게 확보된 차시의 공간에 타 교과인 "[2슬04-03] 여름에 볼 수 있는 동식물을 살펴보고 그 특징을 탐구한다." 성취기준을 갖고 올 수 있다. 앞에서 언급한 성취기준 Linking의 원리에 의하여 분류하기 단원의 기능을 슬기로운 생활의 동식물을 주제로 달성할 수 있도록 새롭게 단원을 구성할 수 있다. 남은 3차시에 우리 학교 식물 조사 분류 후 '식물도감 만들기 프로젝트'로 교육과정을 구성하여, 수학 분류하기와 슬기로운 생활의 동식물 특징에 대한 2가지 성취기준을 함께 학습하고 수행평가할 수 있는 새로운 단원으로 만들 수 있는 것이다. 이때 교과서의 2, 3, 5, 6차시 내용들이 밑바탕이 되어 슬기로운 생활의 성취기준을 함께 도달할 수 있는 효율적인 교육과정 운영이 되었다.

여기서 또 고민해야 할 부분이 7차시인 단원평가의 활용이다. 교과서 단원평가의 경우 순수 지필평가의 유형들만 제시되어 있다. 이 경우 단원이 종료된 시점에 해당 단원을 구성하고 있는 내용들에 대하여 지필평가의 유형으로 평가해야겠다는 평가관을 갖고 있는 교사의 경우에는 그대로 7차시 단원평가 내용을 활용하여 성취수준을 확인해 보는 자료로 활용할 수 있다.

이와 반대로 앞에서 슬기로운 생활 성취기준을 활용하여 '식물 도감 만들기 프로젝트'를 활용한 교육과정 운영에서 [2수05-01] 성취기준의 평가 요소인 '분류 기준', '분류한 후 수 세고 결과 말하기'를 충분히 평가할 수 있다는 수행평가 중심의 평가관을 갖고 있다면, 굳이 단원평가는 활용하지 않고 식물도감 만들기에 대한 프로젝트 평가로 대체할 수도 있다. 이 경우 총론에서 강조하는 성취기준을 머릿속에서만 알고 끝나는 것이 아니라 실제 생활에서 활용할 수 있는 역량을 키우는 교육과정 운영이 될 수 있다. 또한 평가의 관점에서도 단순히 머릿속에서만 알고 있는 것을 확인하는 평가가 아닌, 알고 있는 것을 수행으로서 드러내어 확인하고 역량을 키울 수 있는 평가가 될 수 있다. 또한 단원평가를 활용하지 않음으로써 생긴 1차시의 공간을 학생들을 점검하고 이에 대하여 피드백을 하는 활동으로 대체할 수 있다.

Core 6 TIP_ 교과서 골라 쓰는 법

1. 교과서 단원의 차시 주제 살펴보기

↓

2. 성취기준과 각 차시 주제와의 연계성 살펴보기

↓

3. 성취기준과 직접적인 연관이 없는 차시 버리기

↓

4. 성취기준 도달을 위해 꼭 필요한 차시 남겨 두고 수업에서 활용하기

↓

5. 버린 차시로 인하여 새롭게 확보된 시수로 성취기준을 다른 맥락에서 활용하는 활동 새롭게 구성하기

 – 타 교과의 성취기준과의 연계성 확인하여 새로운 차시 구성
 – 새로운 차시 구성 시 성취기준을 다른 맥락에서 활용할 수 있는 내용으로 구성하여 역량을 키울 수 있는 교수·학습과 평가가 될 수 있도록 함.

↓

6. 새롭게 구성한 활동으로 수행평가가 함께 이루어질 수 있는 경우 단원평가 차시를 피드백 활동으로 대체하기

성취기준 사용설명서

2015 개정 교육과정은 성취기준에 대한 이해와 활용이 중요하다. 성취기준을 통하여 교과 역량이 키워질 수 있으며, 교과 역량의 조합을 통하여 총론에서 제시한 6가지 핵심역량을 신장시킬 수 있다.

　교육과정 재구성 시 성취기준은 재구성의 내용 선정과 조직의 준거가 된다. 수업에서도 성취기준은 학생들이 도달해야 할 기준을 제시하는 역할을 하며, 평가에서는 학생들의 도달도를 확인할 수 있는 평가 준거가 된다. 이와 같이 성취기준은 교육과정에서 강조하는 역량을 신장시킬 수 있는 매개체의 역할을 하며, 교육과정과 수업, 평가의 뼈대 역할을 맡고 있다. 따라서 성취기준을 바르게 해석하고 활용하는 능력은 교육과정 문해력의 핵심 요소라 할 수 있다.

성취기준 분석하는 법

성취기준은 각 교과 영역별 내용 체계표에 제시되어 있는 핵심 개념, 일반화된 지식, 지식 요소, 기능을 바탕으로 만들어진다(출처 : 2015 개정 교육과정 총론 해설). 따라서 성취기준은 기본적으로 지식 요소와 기능, 2가지 구성 요소로 분석된다.

지식 요소는 성취기준을 통하여 학생들이 알고 있어야 할 것을 의미하며, 기능은 성취기준을 통하여 할 수 있어야 하는 것을 의미한다. 예를 들어 "[2국01-01] 상황에 어울리는 인사말을 주고받는다."의 경우 상황에 어울리는 인사말이 학생들이 알고 있어야 할 지식에 해당되고, 주고받는 활동이 학생들이 할 수 있어야 하는 기능이 된다. 이 중 기능 요소가 수업과 평가의 방향을 결정짓는 중요한 역할을 한다. [2국01-01] 성취기준의 경우 수업에서 인사말을 주고받는 담화 장면이 필요하며, 평가에서도 담화 장면과 관련된 구술 평가 방법과 연결 지을 수 있다. 이와 같이 성취기준을 지식과 기능으로 분석해 보면 수업과 평가에서 학생들이 알고 있어야 하는 것과 할 수 있어야 하는 것이 명확히 드러난다.

2015 개정 교육과정 성취기준이 기존 교육과정의 성취기준과 구별되는 특징은 기능에서 찾을 수 있다. 지식 요소에 의한 단순 앎, 단편적 이해에 머무는 학습이 아닌, 기능을 통해 앎을 실제 행할 수 있는 교육을 강조함을 성취기준 구성 원리에서도 확인할 수 있다. 앎을 행해야 한다는 것은 결국 수행을 강조하는 학습이다. 여기서의 수행은 단순 신체 기능 수행을 의미하는 것이 아닌, 지식을 적용하고 활용할 수 있음을 증명

해 낼 수 있는 인지적 수행의 성격을 갖고 있다. 결국 핵심역량 형성이라는 교육과정 총론의 방향이 각 교과 각론 성취기준 단위에서 수행이라는 기능이 강조되는 방향으로 적용되었다고 볼 수 있다.

이와 같이 앎을 활용할 수 있는 수행을 강조하는 방향에 의하여 성취기준의 수도 기존 교육과정에 비해서 줄어들었다. 이는 핵심 개념과 일반화된 지식을 중심으로 가르쳐야 할 내용을 슬림화하고, 꼭 필요한 지식을 적용하고 활용할 수 있도록 교육과정을 구성하고 수업과 평가를 실시해야 함을 강조한 사항이라고 볼 수 있다.

일부 교과 성취기준의 경우 가치·태도 요소가 포함된 경우도 있다. 가치·태도 요소는 지식, 기능과는 다르게 성취기준을 통하여 학생들이 ○○한 상태로 될 수 있음을 의미한다. 따라서 가치·태도는 성취기준의 기본적 구성 요소는 아니지만 지식, 기능을 통하여 특정 가치·태도 형성이 필요한 경우 성취기준에 함께 제시되었다고 볼 수 있다. 예를 들어 "[6사01-01] 우리나라의 위치와 영역이 지니는 특성을 설명하고, 이를 바탕으로 하여 국토 사랑의 태도를 기른다."와 같은 성취기준의 경우 우리나라 위치와 영역이 지니는 특성(지식)을 논술이나 구술, 보고서 등을 활용하여 설명(기능)하도록 하고, 이를 통하여 국토 사랑의 태도(가치·태도)가 형성될 수 있도록 수업과 평가를 실시하면 된다.

이와 같이 가치·태도가 포함된 성취기준을 수업할 경우 해당 가치와 태도를 학생들에게 심어 줄 수 있도록 정의적인 요소를 반영하여 수업을 구성해야 하며, 평가에서도 해당 가치와 태도를 확인할 수 있는 정의적 평가를 활용한다.

성취기준에 나만의 색깔 입히기

앞에서 제시한 성취기준 분석 방법은 성취기준이 만들어진 원리에 의하여 분석한 방식이다. 이에 따라 모든 교실 상황에서 학생들이 표준적으로 도달해야 할 지식, 기능, 가치·태도를 명확히 추려낸 분석 방법으로 볼 수 있다. 하지만 실제 수업 장면에서는 위와 같은 객관적 분석 이외에 교사의 주관적 해석이 수업 내용과 활동 선정의 중요한 요인이 된다. 수업은 내용과 방법이 주요 구성 요소이다. 수업의 내용과 방법은 성취기준에 대한 객관적 분석이 밑바탕이 되어 교사의 주관적 해석에 의하여 결정되는 경우가 많다. 성취기준에 대한 객관적 분석을 바탕으로 교사의 주관적 해석이 가미되었을 때 학생의 특성을 반영한 수업으로 연결되어 교사별 교육과정으로 갈 수 있는 주요 기재가 된다.

2015 개정 교육과정 성취기준을 분석해 보면 교사의 주관적 해석이 수업의 질과 내용, 방향을 결정하는 주요한 요인으로 작용하는 교과가 있다. 반면 일부 교과는 구체적 수업 내용과 방법을 성취기준에 상세하게 제시하여 교사의 주관적 해석에 의한 수업 스펙트럼이 좁게 나타날 수 있기도 하다. 따라서 각 교과 성취기준의 특성을 분석해 보고, 교과별로 교사의 색깔을 입힐 수 있는 성취기준 활용 방법에 대하여 살펴보도록 하겠다.

• 국어과 성취기준

성취기준을 분석하다 보면 교과마다 다양한 특징이 있다. 구체적인 수업 내용과 방법을 성취기준에 상세하게 제시한 성취기준이 있는 반면, 최소한의 기준만 제시되어 있는 교과도 있다. 전자의 경우 교사의 주관적 해석이 개입될 여지가 적어서 수업도 획일화될 가능성이 크다. 하지만 국어과 성취기준은 대체적으로 최소한의 기준만 제시하여 교사의 주관적 해석의 여지를 많이 남겨 두었다. 예를 들어 "글을 읽고 주요 내용을 확인한다."와 같은 성취기준의 경우 수업에 사용할 글을 교사가 학생의 특성을 고려하여 자율적으로 선정할 수 있다. 또한 주요 내용을 확인하는 방법과 수준도 교사의 판단에 의하여 다양하게 수업을 구성할 수 있다.

이와 같이 국어과 성취기준들은 대체적으로 수업에 활용되는 단계에서 교사의 주관적 해석이 중요한 요인으로 작용한다. 성취기준에 대한 교사의 주관적 해석의 주요 요인은 학생이다. 우리 학급 학생의 흥미를 불러올 수 있는 공통 관심 주제의 글을 선정할 수 있으며, 학생의 실태를 분석하여 글의 수준, 주요 내용을 확인하는 수준을 교사의 주관적 판단하에 결정할 수 있다. 결국 글을 읽고 주요 내용을 확인해야 하는 최종 도달 지점을 위하여 여러 가지 경로가 열려 있고, 이를 교사가 자유롭게 선택할 수 있는 것이다. 이와 같이 국어과 성취기준은 최종 도달 지점의 성격으로 성취기준이 진술되어 수업의 내용과 수준, 방법을 교사가 결정할 수 있는 특성을 갖고 있다.

• 수학과 성취기준

수학과는 인지적인 성격이 강하기 때문에 성취기준에 제시되어 있는 내용만으로 수업할 경우 교사의 주관적 해석이 개입될 여지가 적다. 이러한 수업은 단순 공식 암기 및 알고리즘에 의한 기계식 문제풀이 수업이 되어 학생들이 수학에 대한 흥미를 잃기 쉽다. 따라서 성취기준 분석 시 지식 요소와 기능에 대한 부분을 분석한 후 이와 관련된 실생활 장면과 다양한 문제해결 방법을 찾을 수 있도록 수업을 구성해야 한다. 다음은 그 예시이다.

> 두 자리 수의 범위에서 덧셈과 뺄셈의 계산 원리를 이해하고 그 계산을 할 수 있다.
>
> ☞ 성취기준을 객관적으로 분석할 경우 '두 자리 수의 범위에서 덧셈과 뺄셈의 계산 원리(지식)를 이해하고 그 계산을 할 수 있다(기능)'로 분류할 수 있다. 이와 같은 객관적 분석에 의한 수업은 교과서와 같이 숫자의 덧셈과 뺄셈 장면으로만 설정될 가능성이 크다. 하지만 교사의 주관적 해석이 가미된다면 구체물을 수업의 재료로 활용하여 계산 원리를 시각적으로 이해하는 활동, 나만의 계산 방법 발표하기로 다양한 계산법을 공유하는 활동, 실생활 장면을 통한 수행과제로 성취기준에 도달할 수 있는 수업이 될 수 있다.

위와 같이 성취기준에 대한 객관적 분석으로 수업을 통하여 도달해야 할 지식과 기능을 도출해 내고, 이를 위하여 교사의 주관적 해석이 덧붙여져 성취기준을 좀 더 효율적으로 도달할 수 있는 수업이 될 수 있다.

• 사회과 성취기준

사회과 성취기준은 수업 내용과 소재가 성취기준에서 구체적으로 제시되어 있는 경우가 대부분이다. 예를 들어 "[4사02-01] 우리 고장의 지리적 특성을 조사하고, 이것이 고장 사람들의 생활 모습에 미치는 영향을 탐구한다." 성취기준의 경우 우리 고장의 지리적 특성, 고장 사람들의 생활 모습에 미치는 영향의 지식 요소는 수업의 소재로 쓰여야 하는 것으로서 성취기준에서 구체적으로 제시되어 있다. 하지만 '조사하고, 탐구한다'의 기능 요소는 수업 장면에서 인터넷 조사 발표 학습이나 모둠토의 활동 등의 다양한 수업 방법을 학생의 특성에 맞게 교사가 선정할 수 있다. 따라서 사회과 성취기준은 지식적인 요소는 교사의 주관적 해석이 개입될 여지가 적지만, 기능적인 요소에서 교사의 주관적 해석이 적용되어 학생의 특성에 맞는 다양한 수업을 운영할 수 있다.

• 과학과 성취기준

과학과 성취기준은 소주제별로 순수 교과 내용과 관련된 성취기준과 이를 실생활에 활용하는 성취기준으로 구성되어 있다. 이 중 순수 교과 내용 관련 성취기준은 수업 주제나 내용, 방법이 구체적으로 제시되어 있기 때문에 교사의 주관적 해석에 의한 자율적인 수업을 구성하는 것이 쉽지 않다. 하지만 소주제별 실생활 활용과 관련된 성취기준은 교사의 주관적 해석의 여지가 많다.

교육과정 성취기준
[4과02-01] 자석 사이에 밀거나 당기는 힘이 작용하는 현상을 관찰하고 두 종류의 극을 구별할 수 있다.
[4과02-02] 나침반의 바늘이 일정한 방향을 가리키는 성질이 있음을 관찰을 통해 설명할 수 있다.
[4과02-03] 일상생활에서 자석이 사용되는 예를 조사하고, 자석의 성질과 관련지어 그 기능을 설명할 수 있다.

위 예시와 같이 순수 교과 내용과 관련된 [4과02-01], [4과02-02] 성취기준은 수업 내용과 방법이 구체적으로 제시되어 있지만, 교과 내용을 실생활에 활용하는 [4과02-03] 성취기준은 일상생활의 범위, 조사 방법을 교사의 주관적 해석에 의하여 다양하게 선정할 수 있다.

성취기준은 어떻게 활용되는가

• 성취기준 분절화

성취기준은 수업 후 학생들이 할 수 있거나 할 수 있기를 기대하는 능력이기 때문에 어떻게 보면 학습목표와 같은 성격을 갖고 있다. 하지만 학습목표는 한 차시를 기준으로 설정되지만, 성취기준은 일반적으로 여러 차시를 거쳐서 도달될 수 있는 구조로 되어 있다. 산술적으로 성취기준 수에 비하여 각 교과에 배정된 시수가 훨씬 많기 때문이다. 실제 교사용 지도서의 학습목표를 분석해 보면 대체적으로 성취기준 도달을 위한 하위 목표의 성격을 갖고 있다.

성취기준	하루 동안 달과 별이 위치가 달라지는 것을 지구의 자전으로 설명할 수 있다.

학습목표1	하루 동안 달과 별의 위치 변화를 알 수 있다.	학습목표2	낮과 밤이 생기는 까닭을 알 수 있다.

[표 5-6] 성취기준과 학습목표의 관계

따라서 단위 수업에서 성취기준을 활용할 때는 성취기준의 구성 요소들을 분석하고 위계를 설정하여, 순차적인 절차로 성취기준이 도달될 수 있도록 수업을 설계하는 것이 효율적이다.

• 성취기준에 시수 부여하기

성취기준 도달이라는 전제 조건을 만족한다면, 각 성취기준별로 부여하는 시수는 교사가 자율적으로 정할 수 있다. 성취기준 도달을 위하여 다양한 수업 내용을 구성하고, 활동이 필요한 경우 배당되는 시수를 많게 부여할 수 있다. 교과서를 분석해 보면 어떤 성취기준은 10차시 가까운 시수가 배정된 것도 있으며, 어떤 성취기준은 1~2차시의 시수만 배정된 것도 있다. 이는 교과서 개발자들의 해석에 의한 시수 배정이기 때문에 교사의 해석에 의하여 얼마든지 시수를 자유롭게 배정할 수 있다. 이때 필요한 것이 위에서 언급한 교사별 성취기준에 대한 주관적 해석이다. 교사 개개인의 교육관이나 현재 학생의 특성에 따라 A라는 성취기준이 꼭 필요하고, 중요한 경우 많은 시수 배정이 필요할 수 있으며, 반대의 경우도 충분히 있을 수 있다.

예를 들어 "[4사04-06] 우리 사회에 다양한 문화가 확산되면서 생기는 문제(편견, 차별 등) 및 해결 방안을 탐구하고, 다른 문화를 존중하는 태도를 기른다." 성취기준의 경우 다문화 학생이 다수 재학하는 다문화 밀집지역 학교의 교사에게는 중요한 성취기준으로 해석되어 관련된 다양한 주제와 활동으로 많은 시수를 배정할 수 있다. 반대로 "[2즐02-02] 봄을 맞이하여 집을 아름답게 꾸민다."와 같은 성취기준은 현실적으로 성취기준에 맞춰 집을 아름답게 꾸미는 활동을 하는 것이 불가능하기 때문에 실내를 꾸미는 활동으로 대체하여 시수를 최소화하여 배정할 수 있다. 또한 기초학습 부진 학생이 많은 지역의 교사는 수학 교과에 대한 시수를 타 교과보다 충분히 배정하여 다양한 조작 활동, 피드백 활동으로 수업을 운영할 수 있다. 이와 같이 교사의 교육관, 학생의 실태에 따라서 성취기준을 주관적으로 해석할 수 있고, 이를 바탕으로 성취기준에 부여되는 시수를 교사가 자율적으로 배정할 수 있다.

• 성취기준의 반복 활용과 일회적 활용

교과서를 분석해 보면 각 교과별로 성취기준이 활용되는 방식이 상이하다. 사회와 과학 교과는 성취기준이 한번 활용되고 나면 이후 반복적으로 활용하지 않는다. 반면 국어와 수학 교과의 경우 하나의 성취기준이 여러 번 반복되는 경우가 있다. 한 학기 안에서도 하나의 성취기준이 여러 단원에 반복하여 제시되고, 한 학기에 제시된 성취기준이 다음 학기나 다음 학년에서 반복되는 경우도 있다. 이는 교과서 개발자들이 하나의 성취기준을 2가지 이상의 내용으로 교과서를 구성하였기 때문이다. 따라서 반복되는 성취기준을 한 번에 모아서 가르치는 방향으로 교육과정을 설계하는 것이 성취기준 도달 관점에서 봤을 때 효율적인 교육과정 운영이 될 수 있다.

Core 7 TIP_ 성취기준 분석틀(성취기준 객관적 해석법)

- 성취기준을 다음 틀에 의하여 분석하고 수업과 평가에 활용해 봅시다.

성취기준

지식(Know)

- 성취기준 문장 중 주로 주어(主語)부에 해당됨.
- 성취기준을 통하여 알고 있어야 할 것으로 분석되는 요소
- 수업과 평가에서의 활용
  - 수업에서 활용 : 수업 주제와 연결됨.
  - 평가에서 활용 : 평가 도구 개발 시 평가 요소와 연결됨.

기능(Do)

- 성취기준 문장 중 주로 동사(動詞)에 해당됨.
- 성취기준을 통하여 할 수 있어야 할 것으로 분석되는 요소
- 수업과 평가에서의 활용
  - 수업에서 활용 : 지식에 대한 수업 제재를 어떤 수업 방법을 써야 할지를 결정하는 요소
  - 평가에서 활용 : 해당 기능 요소인 수행을 확인하기 위한 평가 방법을 선정하는 데 활용됨.

가치·태도(Be)

- 지식, 기능과 연관된 가치·태도가 필요한 경우 성취기준에 포함되어 제시되어 있음.
- 수업과 평가에서의 활용
  - 수업에서 활용 : 성취기준에 제시된 가치·태도가 형성될 수 있는 수업 활동 선정
  - 평가에서 활용 : 정의적 능력 평가 실시

- **성취기준 Plus**
- 성취기준 도달을 위하여 추가 학습 요소가 필요하거나, 학생들의 특성을 고려한 수업 구성을 위하여 추가 지식과 기능 요소가 필요한 경우

  예) "[6사02-03] 인권 보장 측면에서 헌법의 의미와 역할을 탐구하고, 그 중요성을 설명한다." 성취기준의 경우 인권 보장을 위한 헌법의 의미와 역할을 탐구하고 중요성을 설명하는 성취기준 학습 요소에 실제 인권과 헌법 관련 사례를 조사·발표하는 학습 요소를 추가하여 수업을 구성할 수 있다.

- **성취기준 Minus**
- 실제 수업 장면에서 성취기준에 제시된 학습 요소로 수업이 어려운 경우 성취기준 도달을 위한 다른 학습 요소로 수업 장면을 변경하는 경우

  예) "[2즐02-02] 봄을 맞이하여 집을 아름답게 꾸민다." 성취기준의 경우 실제 집을 아름답게 꾸미는 활동을 수업에서 하는 것이 어렵기 때문에 집이 아닌 교실 환경을 꾸미는 수업 장면으로 대체하여 수업을 구성해야 한다.

- **성취기준 Interesting**
- 성취기준에 제시되어 있는 지식과 기능에 추가하여 학생들의 흥미도 및 실태를 고려한 학습 요소 선정이 성취기준 도달에 효율적으로 활용될 수 있는 경우

  예) "[6국01-05] 매체 자료를 활용하여 내용을 효과적으로 발표한다." 성취기준의 경우 매체 자료를 최근 학생들의 흥미 및 실생활과 밀접한 관련이 있는 유튜브와 연계한 UCC 동영상으로 선정하여 수업을 운영할 수 있다.

• 성취기준은 변경 가능한가요?

위 질문에 대한 한국교육과정평가원의 교육과정 본부에서 답변한 내용을 그대로 옮겨 보면 다음과 같다.

> 성취기준을 수정·보완하여 사용할 수 있습니다만 교육과정에 명시되어 있는 성취기준은 학교에서 이루어지는 교수·학습 활동의 근거가 되는 것으로서 학생들이 각 교과 수업을 통해 배워야 할 내용과 관련된 능력 혹은 특성을 진술한 것이므로 성취기준의 근본 취지를 유지하는 범위에서 학교 특성을 고려하여 통합, 세분화, 수정·보완하시는 게 좋겠습니다.
>
> 〈한국교육과정평가원 홈페이지 Q&A 메뉴 교육과정 본부 답변 내용 발췌〉

위 답변 내용을 쉽게 설명하면 성취기준은 변경 가능하지만, 성취기준에서 요구하는 지식, 기능, 가치·태도는 수업과 평가에 반영하라는 의미이다. 따라서 성취기준을 변경할 경우, 성취기준과 관련된 각 교과 내용 체계표의 핵심 개념, 일반화된 지식과 내용 및 기능 요소를 변경하지 않는 범위 안에서 변경하도록 한다.

이와 비슷한 맥락으로 학교생활기록 작성 및 관리지침 훈령에서는 성취기준을 재구조화할 수 있다고 언급하였다. 이 재구조화 용어가 성취기준에 대한 변경을 함의하고 있다고 볼 수 있다.

• 성취기준 숫자는 무엇을 의미하는가?

성취기준의 앞 숫자는 학년군을 의미한다. 각 학년군의 뒷학년만 코드로 사용하여 2수, 4국, 6미와 같이 사용된다. 가운데 숫자 01은 각 교과의 영역을 의미한다. 국어의 경우 듣기·말하기는 01, 읽기의 경우 02를 의미한다. 마지막 숫자는 성취기준의 나열 순서를 의미한다. "[4국01-03] 원인과 결과의 관계를 고려하며 듣고 말한다." 성취기준 코드표에서 4는 3~4학년군, 국은 국어, 01은 듣기·말하기, 03은 듣기·말하기 성취기준 중 3번째 제시된 성취기준을 의미한다.

• 성취기준은 어디서 다운받나요?

국가교육과정정보센터(http://ncic.go.kr)의 교육과정자료 평가 기준 메뉴에서 다운받을 수 있다.

애매모호한 배움중심수업, 연막 걷어내기

현재 우리나라 수업의 이정표이자 지향점은 배움중심수업이다. 하지만 "배움중심수업은 ○○이다."라고 딱 꼬집어 명확히 이야기하는 것은 쉽지 않다. 실제 배움중심수업을 학생활동 중심 수업으로 잘못 생각하는 분들도 꽤 많이 있다. 물론 학생활동이 배움이 일어나기 위한 매개체가 될 수 있지만 학생활동 중심 수업이 배움중심수업을 대변하기에는 매우 작고 배움중심수업의 극히 일부 측면만 한정 짓는 용어이다.

그럼 배움중심수업은 뭘까? 배움중심수업이란 용어를 가장 먼저 정책적으로 사용한 경기도교육청은 배움중심수업을 다음과 같이 정의한다.

- **배움중심수업 정의**
  - 배움중심수업은 삶에 필요한 역량을 키우기 위한 자발적 배움이 일어나는 수업이다.
  - 배움은 교수·학습 내용이 학생의 자기 생각 만들기를 통하여 삶과 유의미한 관계를 맺는 것이다.

주체	학생은 배움의 주체이며, 교사는 가르침의 주체이다.
성격	배움중심수업은 지향이고, 전략이며 변화의 과정이다.
지향	배움중심수업은 역량 신장을 통한 행복한 배움을 지향한다.
배움과 성장	• 학생은 배움을 삶과의 맥락에서 경험함으로써 성장한다. • 교사는 성찰과 가르침 그리고 나눔으로 성장한다.

- **배움중심수업 철학**
  - 배움중심수업의 정의는 지식과 학생 그리고 수업과 배움을 바라보는 새로운 철학에서 시작한다.

지식관	지식은 변하는 것이며, 형성 과정이 중요하다.
학생관	학생은 스스로 성장하는 힘을 지닌 주체적 인격체이다.
수업관	학습자의 자기주도성과 자발성에 기초하여 교사와 학생의 지속적인 교류와 소통을 통해 함께 지식을 창조하는 과정이다.
삶과 배움	• 배움중심수업은 배움과 삶이 일치하는 수업이다. • 배움은 삶과 연계되어 실천으로 이어지며, 다양한 가치를 지닌 사람들과의 협력적 배움은 곧 삶의 과정이다.

(출처 : 경기도교육청 배움중심수업 2.0 기본문서)

배움중심수업에 대한 가장 최근의 정의는 위와 같다. 배움중심수업이 경기도교육청의 문서에서 나온 지 10년 가까이 되어 가고 있고, 초창기 배움중심수업 우수교사 인증제부터 배움중심수업 정책에 참여하고 혁신학교 및 정책 연구학교 담당 부장으로서 배움중심수업을 실천한 경험으로 보았을 때 위의 정의는 배움중심수업이 갖고 있어야 하는 거의 모든 것들을 잘 담아 낸 정의와 철학적 표현이라고 볼 수 있다.

하지만 배움중심수업에 대한 경기도교육청의 정의와 철학을 보고 "아! 배움중심수업은 바로 이거구나!"라고 교사들이 명확히 이해하기는 쉽지 않다. 명확한 이해가 쉽지 않다는 것은 실천으로의 연결에서 문제가 있을 수 있다는 뜻이다.

따라서 현장의 교사들이 배움중심수업을 좀 더 명확하게 이해할 수 있도록 배움중심수업의 핵심을 짚어 설명해 보도록 하겠다.

가르침 중심 수업과 배움중심수업 비교

배움중심수업을 이해하기 위해서는 배움중심수업과 반대되는 가르침 중심 수업을 짚어 보아야 한다. 앞서 교육과정 문해력에서 사용했던 표를 그대로 사용하면 가르침 중심 수업과 배움중심수업을 좀 더 명확히 비교하여 이해할 수 있다.

가르침 중심 수업에서 교사의 역할은 국가 수준 교육과정에 의하여 만들어진 교과서를 학생들의 머릿속에 얼마나 잘 집어넣느냐로 한정된다. 이때 교사의 역할은 한마디로 교과서 Delivery로서의 역할로 설명된다. 또한 수많은 학생들의 다양한 인지 구조를 교과서로 재단하는 Tailoring 으로서의 역할을 한다.

Tailoring은 본래 사토 마나부(佐藤学)의 배움의 공동체 수업에서 학생 각각의 인지구조 속에 맞춤형 배움을 제공해야 한다는 의미를 가진다.

Tailoring과 함께 학생들의 다양한 생각을 만나게 하는 Orchestrating이 배움의 공동체 수업에서 학생들에게 배움이 일어나게 하는 중요한 수업 원리이다. 하지만 가르침 수업에서 Tailoring은 학생들을 교과서 내용으로 모두 똑같이 재단하는 전혀 다른 의미로 퇴색되어버린다. 수업을 보는 관점 또한 교과서의 학습목표를 교사가 어떻게 전달하고, 학생들의 머릿속에 잘 들어와 있는지 가르침의 영역에 집중되어 있다.

[표 5-7] 가르침 중심 수업의 수업을 보는 관점

반면 가르침 중심 수업과 대비되는 배움중심수업은 다음과 같이 표현할 수 있다.

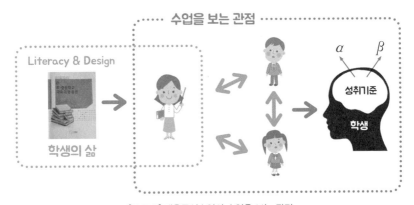

[표 5-8] 배움중심수업의 수업을 보는 관점

배움중심수업에서는 가르침 중심 수업과 달리 학생들의 인지 구조 속에 교과서가 들어오는 것이 아닌 성취기준에 대한 α와 β 생성에 초점을 맞춘다. α는 성취기준에 대한 자기 생각 만들기, β는 성취기준에 대한 자기 생각 만들기를 바탕으로 삶으로의 활용을 의미한다. 초기 배움중심수업에서는 자기 생각 만들기를 강조하였지만, 최근 2015 개정 교육과정과 역량 기반 교육과정에서는 배움을 삶과 연계된 맥락에서 활용할 수 있는 역량 생성을 강조하고 있다. 따라서 배움중심수업에서 배움이 일어남을 성취기준에 대한 자기 생각 만들기와 삶으로의 활용 2가지 관점에서 봐야 한다.

또한 가르침 중심 수업에서 배움이 일어나기까지의 과정이 교과서와 교사, 학생이 일직선 화살표였다면, 배움중심수업은 교사와 학생이 쌍방향 화살표이면서, 교사와 학생만의 관계가 아닌 학생과 학생과의 관계가 추가된다. 수업을 통한 학생의 배움인 α와 β는 교사와 학생 간의 상호작용만이 아닌 학생과 학생과의 상호작용에 의하여 생성됨을 의미한다. 여기서 교사의 역할이 가르침 중심 수업에서의 Delivery에서 Orchestrating으로서의 역할로 변함을 알 수 있다. 수업 장면에서 서로의 다양한 생각들을 만나게 하는 플랫폼으로서의 역할을 통하여 학생들의 자기 생각 만들기는 촉진될 수 있다.

수업에서의 관계가 중요하다는 것도 [표 5-8]에서 확인할 수 있다. 배움의 결과인 α와 β라는 결과가 나오기 위해서는 교사와 학생, 학생과 학생 간의 쌍방향 화살표가 매개체가 되어야 한다. 이 쌍방향 화살표는 결국 교사와 학생, 학생과 학생 간의 관계 형성이 있어야 촉진될 수 있다. 쉽게 생각하면 마음을 열 수 있는 친한 사람에게 자기 생각을 툭 터놓고 거리낌 없이 이야기할 수 있듯이, 관계 형성이라는 플랫폼이 형성되어 있어야 교사와 학생, 학생과 학생 간의 쌍방향 화살표가 활성화되어 a와 β라는 배움의 결과가 나올 수 있다.

배움중심수업의 의미를 이야기할 때 배움중심수업은 학생중심수업, 수업에 대한 특정 방법을 의미하는 것이 아닌 수업을 보는 관점의 변화라는 말이 있다. 관점이 변화되었다는 의미는 가르침 중심 수업에서 교과서의 학습목표를 어떻게 잘 전달하느냐가 수업을 보는 관점이었다면, 배움중심수업에서는 학생들의 배움인 a와 β, 그리고 배움이 나오는 과정인 교사와 학생, 학생과 학생 간의 쌍방향 화살표 과정으로 수업을 보는 관점이 변화되었음을 의미한다.

최근 배움중심수업에 대한 논의에서는 앞서 언급한 배움을 보는 관점의 변화에 교육과정 문서에 대한 Literacy를 기반으로 학생의 삶을 반영한 Design에 대한 부분도 강조되고 있다. 역량을 신장시킬 수 있는 배움중심수업을 위해서는 학습목표 전에 교육과정 문서인 성취기준을 교육과정 문해력 관점으로 해석하고, 이를 학생들의 삶과 연결될 수 있는 수업으로 디자인하는 교사의 역할에 주목하고 있다고 볼 수 있다. 학생들의 역량은 실제와 관련된 맥락에서 수행으로서 드러나는 것이기 때문에 교사가 성취기준을 실제 맥락에서 수행으로서 드러낼 수 있는 무대를 만들어 주는 디자이너로서의 역할이 강조되었다고 볼 수 있다.

	가르침 중심 수업	배움중심수업
교사의 역할	Tailoring	Orchestrating Platform
교육과정과 교사의 관계	교과서 Delivery	교육과정 Literacy
수업 후 학생의 변화	교과서 지식	성취기준에 대한 자기 생각 만들기를 바탕 으로 삶의 맥락에서 활용
수업을 보는 관점	교과서 학습목표에 대한 교사의 가르침	• 성취기준 해석을 바탕으로 학생의 삶과 연계한 수업 디자인 • 배움이 일어나는 과정인 교사와 학생, 학생과 학생의 관계에 기반한 상호작용 • 학생의 배움

Core 8 TIP_ 배움중심수업의 핵심

학습목표, 핵심 질문으로 바꿔 보자

우리나라 수업에서 학습목표는 항상 학생들이 무엇을 해야 한다는 문장으로 제시되어 오고 있다. 그런데 이러한 학습목표가 수업에 대한 내적 동기 유발 역할을 제대로 할 수 있을까? 그리고 학생들 개개인의 성향에 맞는 배움이 강조되는 구성주의 학습관에서 모든 학생이 공동의 구체적인 목표 지점을 쫓아 나가는 학습목표 진술이 과연 어울리는 방식일까? 이제는 학습목표에 대해서 고민해 봐야 할 시점이다.

수렴적 학습목표

단원	4. 물체의 무게
학습목표	물체의 무게와 늘어난 용수철의 길이 사이의 관계를 설명할 수 있다.

대한민국의 거의 모든 수업에는 위와 같은 학습목표가 제시된다. 학습목표를 수업 시작 지점에 제시하는 이유는 수업에 대한 방향 설정과 함께 학생들에게 내적 동기 유발 효과를 불러일으키기 위함이라고 볼 수 있다. 학습목표를 제시하면서 교사는 학생들에게 "오늘 수업을 하고 나면 너희들은 ○○을 할 수 있게 될 거야. 그러니까 오늘 수업 시간에 열심히 해보자."라는 무언의 말을 하고 있는 것이다.

여기서 눈여겨볼 점은 교사는 너무나도 당연하게 아무런 비판의 시선 없이 학생들에게 학습목표를 제시해 왔다는 것이다. 앞장의 배움중심수업과 가르침 중심 수업의 비교에서 보자면 "○○할 수 있다" 방식의 진술은 교사의 관점에서 수업을 보고 이를 학생들에게 일방적으로 제시하는 가르침 중심 수업에 해당되는 관점으로 볼 수 있다. 교사가 목표를 정해 놓고 모두 한 방향으로 달리게 하는 Tailoring의 관점이 그대로 묻어난 진술 방식으로 볼 수 있다. "○○할 수 있다" 진술 방식을 학습목표로 사용한 수업은 다음과 같이 특정 행위로 수렴하는 구조로 수업이 이루어진다.

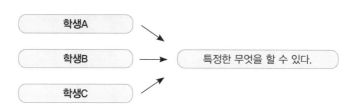

[표 5-9] "○○할 수 있다" 방식의 목표 진술

발산적 핵심 질문

수업에서 학습목표의 역할을 대체할 수 있는 방법은 없을까? "○○할 수 있다" 진술 방식의 학습목표 대신 '핵심 질문'을 활용한 학습목표 제시를 대안적 방법으로 생각할 수 있다. 핵심 질문은 기존 학습목표가 해 왔던 수업에서 학생들의 내적 동기 유발과 방향성 설정이라는 역할을 대체할 수 있으며 "○○할 수 있다" 진술 방식과는 반대로 학생들에게 발산적 사고를 유발하는 효과를 기대할 수 있다.

실제 필자는 수업에서 학습목표 대신에 핵심 질문을 활용하여 수업을 자주 하는 편이다. 학생들의 지적 호기심, 내적 동기 유발의 효과는 학습목표 제시 방식보다 전혀 뒤처지지 않았다. 또한 핵심 질문을 활용한 수업은 내적 동기 유발과 수업에 대한 방향성 설정의 효과뿐만 아니라 수업을 발산적으로 끌고 가는 효과를 기대할 수 있다.

[표 5-10] 핵심 질문을 활용한 학습목표

최근 수업의 방향인 배움중심수업은 '자기 생각 만들기'를 강조한다. 자기 생각 만들기는 학생 각자의 인지 구조로 성취기준을 받아들여 자신만의 고유한 사고와 언어로 생성되는 배움을 중요시한다. 이러한 배움중심수업에 어울리는 학습목표는 "○○할 수 있다" 방식보다는 핵심 질문의 형태가 더 적합하다고 할 수 있다.

핵심 질문이 수업에서 효과적이라고 해서 무조건 "○○할 수 있다" 방식을 버리라는 것은 아니다. 수업의 과정 중 함께 이루어지는 수행 조건에 "○○할 수 있다" 진술에 있는 내용 요소가 포함될 수 있도록 제시하면 자연스럽게 핵심 질문에 대한 답을 찾아 나가는 과정에서 성취기준을 도달하는 방향으로 수업이 이루어질 수 있다. 핵심 질문에 대한 답을 찾아 나가는 수업에서 교사는 성취기준에 대한 도달도를 학생들의 학습 과정을 통하여 확인하고 피드백하면서 수업을 진행하면 된다. 수업에 대한 학생들의 최소 도달 기준은 "○○할 수 있다" 진술이 되지만 최종 도달 지점은 핵심 질문에 대한 학생 각자의 답이 되는 것이다. 학생 각자의 답은 성취기준에 대한 자기 생각으로 만들어 낸 배움의 결과물이 되는 것이다.

핵심 질문을 어떻게 학습목표로 제시할까?

핵심 질문은 다음과 같은 특징을 갖고 있다(제이 맥타이·그랜트 위긴스, 2016).

1. 개방형, 즉 하나의 최종적인 정답이 없다.

2. 사고를 촉발하고 지적으로 몰입하게 하며, 종종 토론과 논쟁을 유발한다.

3. 분석, 추론, 평가, 예측과 같은 고차원적인 사고를 요구한다. 단순 암기만으로 효과적인 답을 얻어 낼 수 없다.

4. 한 과목 안에서(혹은 교과 간) 중요하고 다른 분야까지 적용 가능한 생각을 유도한다.

5. 부가적인 질문을 제기하고 추가적인 탐구 활동을 촉발한다.

6. 단지 답만이 아니라 정당한 근거와 지지를 요구한다.

7. 시간이 지나면서 같은 질문이 되풀이된다. 핵심 질문은 거듭해서 반복될 수 있고 반복되어야 한다.

핵심 질문의 특징을 분석해 보면 학생들의 학습 결과에 대한 다양한 가능성을 염두해 두고 학생들의 사고를 촉진하는 내적 동기 유발의 역할을 갖고 있음을 알 수 있다. 이와 같은 특징 때문에 핵심 질문은 기존 "○○할 수 있다" 방식의 학습목표를 충분히 대체할 수 있다. 물론 다양한 가능성도 최소 기준은 성취기준에 대한 도달을 기반으로 나와야 하기 때문에 교사는 성취기준을 항상 인지한 채 수업을 구성하고 진행해 나가야 한다.

- **핵심 질문은 다음 3가지를 갖추어야 한다**
  - 다양한 답을 기대할 수 있는 질문(확산적·발산적 활동)
  - 질문에 대한 답을 찾아 나가는 과정에서 성취기준 도달도를 확인할 수 있는 질문
  - 학생들의 삶과 연계된(생활 속 맥락) 소재를 활용한 질문

- **기존 학습목표와 비교한 사회과 [4사03-02] 성취기준의 핵심 질문**

  [4사03-02] 고장 사람들의 생활과 밀접하게 관련이 있는 지역의 다양한 중심지(행정, 교통, 상업, 산업, 관광 등)를 조사하고, 각 중심지의 위치, 기능, 경관의 특성을 탐색한다.

"○○할 수 있다" 진술 방식 학습목표	핵심 질문
- "고장 사람들의 생활과 밀접하게 관련이 있는 지역의 다양한 중심지를 조사할 수 있다." - "각 중심지의 위치, 기능, 경관의 특성을 탐색할 수 있다."	우리 고장의 중앙역, 안산시청, 대부도 어촌체험마을 등은 왜 그 위치에 있는가?

"○○할 수 있다" 진술 방식 학습목표는 수업의 도착 지점만을 명시하지만 핵심 질문은 성취기준 도달을 위한 모든 활동들의 시발점이 되는 역할을 할 수 있다. 질문에서 언급한 중심지의 시설 또한 학생들의 실제 고장에 대한 것으로 제시하여 동기 유발의 효과까지 극대화할 수 있다. 또한 핵심 질문에 대한 답을 찾아 나가는 과정은 행정, 교통 시설들이 어떤 위치에 있고, 그 위치의 특성을 분석해 나가는 성취기준에 대한 이해의 증거 활동이 된다.

여기서 주의할 점은 성취기준에 포함된 내용 요소이다. 핵심 질문만 제시하고 수업이 진행될 경우 성취기준과 관련이 없는 방향으로 수업이 진행되었던 경험이 있었다. 따라서 성취기준의 내용 요소를 학생들의 질문에 대한 답을 찾아가는 수행과제의 조건으로 제시하여 성취기준과 관련된 답을 찾을 수 있도록 수업이 진행되도록 해야 한다. 위 핵심 질문에 대한 수행 조건은 다음과 같다.

※수행 조건 : 각 시설의 기능, 특징과 위치를 관련지어 답을 할 것.

이와 같이 핵심 질문에 대한 수행 조건을 함께 제시하면 핵심 질문에 대한 사고 및 활동이 성취기준과 연계된 학습목표로 갈 수 있다.

· 교육과정 문해력 Core 10 ·

수업을 보는 새로운 눈

교육과정 문해력의 관점에서 수업 보기

흔히 우리가 수업을 볼 때 다음과 같은 수업 참관록에 의하여 수업을 봐왔다. 다음 항목을 분석해 보면 수업을 보는 절대 기준이 학습목표임을 확인할 수 있다.

순	수업 관점 내용
1	교사의 학습목표(학습문제) 진술이 명료하게 이루어지는가?
2	교사는 학생의 학습활동을 친절하게 안내해 주는가?
3	교사는 학생이 이해할 수 있는 교수 용어를 사용하는가?
4	교사는 학생 스스로가 학습과제를 해결할 수 있도록 이끌어 가고 있는가?
5	교사는 예기치 않은 학생의 반응에 대해 유연하게 대처하는가?
6	교사는 도움을 필요로 하는 학생에게 적절한 대응을 하고 있는가?
7	형성평가가 학습목표와 연관지어 이루어지는가?

8	학습목표 미도달 학생에 대한 재지도가 이루어지는가?
9	학생이 학습목표(학습문제)를 찾아내고 있는가?
10	학생 모두가 교사의 설명이나 수업 진행에 집중하고 있는가?
11	학생은 수업 과정 중 어디에서 머뭇거리고 있는가(기술하기)?
12	학생은 모둠 학습에서 자신의 역할에 열중하는가?
13	학생은 자신의 학습목표 도달 정도를 확실히 깨닫고 있는가?
14	학생의 학습에 대한 성취감이 느껴지는가?

학습목표가 절대적이지 않은 이유는 앞장에서 설명했다. 따라서 교육과정 문해력의 관점에서 수업을 볼 때는 우선 이 수업이 과연 교육과정을 반영한 수업, 즉 성취기준 도달을 위해 꼭 필요한 수업인지에 대한 확인이 필요하다. 교과서 개발자들이 자신들의 교과에 배정된 시수에 맞게 무리하게 내용을 늘리다 보면 성취기준 도달을 위해 꼭 필요하지 않은 차시들이 나올 수밖에 없다. 따라서 성취기준과 관계된 모든 수업들을 확인하고, 이 수업이 성취기준 도달을 위해서 어떤 역할을 하는지 따져 볼 필요가 있다.

예를 들어 사회과의 "옛사람들의 생활 도구나 주거 형태를 알아보고, 오늘날의 생활 모습과 비교하여 그 변화상을 탐색한다."는 성취기준을 교과서대로 수업한다면 3차시에 '새로운 도구를 만들어 사용하던 옛날의 생활 모습을 설명할 수 있다.'는 학습목표로 수업을 하게 되고 주먹도끼, 긁개 등 뗀석기에 집중한 수업이 될 가능성이 크다. 수업을 보는 관찰자들 또한 성취기준은 보지 않고 학습목표 관점에 의한 좁은 시야에서 수업을 보게 되면 이 수업은 나무랄 데 없는 좋은 수업이라고 판단할 수 있다. 하지만 조금만 시야를 넓혀 보면 이 성취기준과 관련된 다른 두 차시에서 옛 사람들의 생활 도구는 충분히 많이 다루었다. 즉, 이 수업의 주 활동이었던 주먹도끼와 긁개는 성취기준 도달을 위해 40분을 투자할 필요가 없었던 수업 설계 자체가 잘못된 수업으로 볼 수도 있는 것이다.

따라서 이제부터 수업을 볼 때는 학습목표라는 좁은 시야에서 수업을 보는 것이 아니라 교육과정이라는 넓은 시야에서 수업을 봐야 한다.

긴 호흡의 수업

역량 기반 교육과정은 역량을 구성하고 있는 지식·기능·태도의 복합적인 요소를 다루어야 하고, 이를 실제 맥락에서 수행으로 표출해 낼 수 있는 수업 내용의 선정·조직이 필요하다. 이러한 역량을 키울 수 있는 수업에 필요한 시간은 40분이라는 시간으로는 불가능한 경우가 대부분이다. 따라서 한 차시 40분에 하나의 주제를 완성시켜야 한다는 기존의 수업 설계 관점은 버려야 한다. 이와 같은 역량을 키우는 교육의 관점뿐만 아니라 교육과정 설계 방식 자체가 물리적으로 하나의 성취기준에 1~2차시로 구성되어 있지 않다.

실제 3학년 1학기 국어, 수학, 사회, 과학 교과서의 성취기준별 배정된 시수를 분석해 보면 다음과 같다.

	성취기준 수	시수	성취기준 1개당 차시 평균
국어	16	102	6~7차시
사회	6	51	8~9차시
수학	19	68	3~4차시
과학	14	51	3~4차시

[표 5-11] 성취기준별 배정된 각 교과 시수

성취기준은 여러 차시에 걸쳐서 도달되도록 교육과정이 설계되어 있다. 그런데 교과서는 하나의 성취기준이 여러 차시에 걸쳐서 도달되도록 시수 배정은 되어 있지만 배정된 각 차시들이 하나의 주제로 길게 연결되지 않고 각자 다른 주제들로 성취기준에 도달되도록 하는 구조를 갖고 있는 경우가 대부분이다. 즉, 적은 내용으로 깊게 공부하는 구조(Less is more)가 아닌, 많은 내용으로 얕게 공부하는 구조(More is Less)인 것이다.

따라서 성취기준을 보고 수업을 설계할 때 이 성취기준 도달을 위해서 긴 호흡의 관점에서 적은 내용으로 깊게 수업 내용을 선정·조직할 필요가 있다. "[4사02-04] 옛날의 세시풍속을 알아보고, 오늘날의 변화상을 탐색하여 공통점과 차이점을 분석한다."는 성취기준을 보고 세시풍속 종류를 알아보고 변화를 알아보기 위한 조사 계획을 수립하는 데 한 차시, 실제 컴퓨터실을 활용하여 조사하는 데 두 차시, 조사한 내용을 발표하고, 자기 생각으로 만드는 신문 제작 프로젝트에 두 차시를 배정하는 방식과 같이 하나의 성취기준을 긴 호흡에 의하여 도달할 수 있도록 수업을 디자인해야 한다.

Core 10 TIP_ 수업 고정관념 깨기

• **수업 참관록에 포함되어야 할 관점**
  – 이 수업의 활동들은 성취기준 도달을 위해 어떤 역할을 하는가?
  – 이 수업의 성취기준과 연계된 다른 차시들과 비교해 보았을 때 성취기준 도달을 위하여 이 차시는 어떤 차별된 역할을 하는가?

• **수업 디자인 관점**
  More&Less(많은 내용을 얕게 공부하기)에서
  Less&More(적은 내용을 깊이 있게 공부하기) 관점으로
  하나의 성취기준을 긴 호흡으로 수업 디자인하기

교-수-평-기 일체화, 과정중심평가, 역량을 담은 배움 계단 수업 모형

역량 기반 교육과정, 교육과정-수업-평가-기록 일체화, 과정중심평가……. 교육부에서부터 전국의 시·도 교육청까지 우리나라 교육 현장을 덮고 있는 용어들이다. 이 용어들을 정책으로 제시하고 각종 공문서에 문서로 넣는 것은 쉽다. 교육과정-수업-평가-기록 일체화, 과정중심평가, 역량 기반 교육과정의 이상과 철학을 문서에 제시하고, 엄청난 노력을 들여야 가능한 일부 교사들의 이상적인 실천 사례들을 장학자료집으로 개발하면 여기서부터는 교사의 몫이다. 교사들은 무슨 죄를 지었길래 개념조차 생소한 용어를 이해하기도 어려운데 이를 수업에서 실천해야 하는 부담까지 떠맡아야 하는 걸까?

정말 꼭 필요하고 좋은 정책이나 이론도 교사가 수업에서 실천해 내지 못하면 좋은 정책이나 이론이 아니다. 이를 실천하는 것은 결국 아이들과 교사가 만나는 수업이라는 무대이다. 따라서 교육과정-수업-평가-기록-일체화와 역량 기반 교육, 과정중심평가의 가치를 모두 담아 낼 수 있는 수업의 특징들을 연구해 보고 이를 일반화하여 교사들이 쉽게 실천할 수 있는 방향성을 제시하여 누구나 쉽게 새로운 개념들을 이해할 수 있고 이를 실천할 수 있는 생성적·응용적 지식에 대한 안내가 필요하다.

한 가지 다행인 점은 3가지 정책 모두 같은 태생적 배경으로 어울릴 수 있다는 점이다. 과정중심평가는 역량을 평가하기 위해서 꼭 필요한 평가 정책이다. 또한 교육과정-수업-평가-기록 일체화는 역량을 키우는 수업과 이를 확인하고 기록하는 평가를 설계하는 과정에서 자연스럽게 얻어질 수 있는 결과이다. 이를 통하여 3가지 정책의 방향성을 모두 담을 수 있는 공통의 수업 모형 개발 가능성을 엿볼 수 있다.

교-수-평-기 일체화, 과정중심평가, 역량을 모두 녹인 배움 계단 수업 모형

역량을 키울 수 있는 수업은 성취기준을 구성하고 있는 지식·기능·태도를 충분히 익힐 수 있도록 하고, 이를 실제적인 맥락 속에서 수행으로 표출해 낼 수 있는 방향으로 구성되어야 한다. 이와 같은 방식으로 수업 내용이 선정·조직되면 수업 속에 평가가 녹아들 수 있으며, 이를 통하여 수업과 평가가 분절된 교육과정에서 교육과정-수업-평가 일체화가 이루어질 수 있다.

이를 위해서는 성취기준을 중심으로 수업 내용을 선정·조직할 때 우선 성취기준을 구성하고 있는 지식적인 요소에 대한 충분한 학습이 필요하며, 이 과정에서 기능이 함께 형성될 수 있도록 해야 한다. 이를 바탕으로 성취기준에 대한 자기 생각이 만들어질 수 있어야 하며, 지식과 기능을 교과서 속의 구조화된 특수 상황이 아닌 일반적인 실제 맥락에서 활용해봄으로써 역량을 드러내고 확인할 수 있는 수업이 되도록 해야 한다. 이와 같은 수업의 방향성을 모형화하면 다음과 같다.

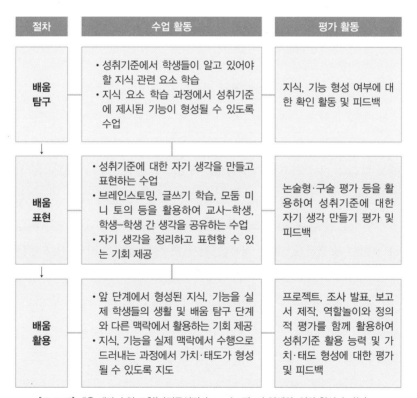

절차	수업 활동	평가 활동
배움 탐구	• 성취기준에서 학생들이 알고 있어야 할 지식 관련 요소 학습 • 지식 요소 학습 과정에서 성취기준에 제시된 기능이 형성될 수 있도록 수업	지식, 기능 형성 여부에 대한 확인 활동 및 피드백
배움 표현	• 성취기준에 대한 자기 생각을 만들고 표현하는 수업 • 브레인스토밍, 글쓰기 학습, 모둠 미니 토의 등을 활용하여 교사-학생, 학생-학생 간 생각을 공유하는 수업 • 자기 생각을 정리하고 표현할 수 있는 기회 제공	논술형·구술 평가 등을 활용하여 성취기준에 대한 자기 생각 만들기 평가 및 피드백
배움 활용	• 앞 단계에서 형성된 지식, 기능을 실제 학생들의 생활 및 배움 탐구 단계와 다른 맥락에서 활용하는 기회 제공 • 지식, 기능을 실제 맥락에서 수행으로 드러내는 과정에서 가치·태도가 형성될 수 있도록 지도	프로젝트, 조사 발표, 보고서 제작, 역할놀이와 정의적 평가를 함께 활용하여 성취기준 활용 능력 및 가치·태도 형성에 대한 평가 및 피드백

[표 5-12] 배움 계단 수업 모형(과정중심평가, 교-수-평-기 일체화, 역량 형성이 가능)

이와 같은 방향으로 수업 내용이 선정·조직될 경우 총론의 교수·학습 방향인 '단편적 지식의 암기를 지양하고 핵심 개념과 일반화된 지식의 심층적 이해에 중점'을 둔 수업과 이를 확인할 수 있는 평가가 이루어질 수 있다. 또한 수업의 각 단계마다 중점적인 사항들을 평가로 확인하고 피드백할 수 있도록 수업이 설계되어 과정중심평가가 함께 이루어질 수 있다. 또한 수업 중 평가가 함께 이루어지는 새로운 교육내용 선정·조직으로 교육과정이 재구성되어 교육과정-수업-평가의 일체화가 가능해진다. 기록 또한 지식적인 요소에 대한 기록이 아닌 교육과정에서 강조한 사항인 역량과 그 구성 요소들을 수업과 평가 장면에서 기록하는 교육과정-수업-평가-기록의 일체화가 이루어질 수 있다.

이 수업 모형은 배움중심수업의 방향성도 담을 수 있다. 성취기준에 대한 자기 생각을 만들어 보는 활동, 그리고 학생들의 삶과 연계된 맥락에서 활용해 보는 기회를 제공함으로써 배움중심수업의 가치 또한 실천할 수 있다.

이와 같은 수업 모형의 흐름대로 수업이 이루어지기 위해서는 핵심 질문 선정이 중요하다. 핵심 질문은 전체 활동에 대한 내적 동기 유발과 성취기준의 구성 요소인 지식, 기능에 대한 탐구가 이루어지도록 지적 호기심을 불러일으킬 수 있어야 한다. 또한 배움 탐구, 배움 표현, 배움 활용의 모든 단계와 연계된 포괄적이고 다양한 결과가 나올 수 있는 확산적인 질문이어야 한다.

이 수업 모형은 성취기준을 중심으로 성취기준의 구성 요소인 지식과 기능을 먼저 익히고, 이에 대한 자기 생각을 만들고, 성취기준에 대한 일반화를 바탕으로 이를 학생들의 삶과 연계된 생활 속에 활용하는 계단형 절차를 밟고 있다. 따라서 수업 모형 이름도 '배움 계단 수업 모형'이라고 정하였다. 배움 계단을 밟아 가면서 역량이 형성될 수 있도록 하였다.

배움 활용
성취기준을 실제 생활 소재와 연계된 장면에서 활용

배움 표현, 일반화
성취기준 배움 나눔
(교사–학생, 학생–학생 간)
활동을 통한 자기 생각 만들기

배움 탐구
성취기준의 구성 요소인
지식과 기능 탐구

[표 5-13] 배움 계단 수업 모형

Core 11 TIP_ 배움 계단 수업 모형 예시(국어)

• 국어 : 배움 계단 수업 모형 적용 예시
[6국01-03] 절차와 규칙을 지키고 근거를
제시하며 토론한다.

배움 탐구

– 실제 토론 동영상을 보고
토론의 절차 탐구
– 주장과 의견 제시 방법
탐구

평가
주장, 의견, 토론 절차에
대한 구술 및 서술형 평가

피드백
주장, 의견, 절차
모둠 점검 및 재평가

배움 표현, 일반화

– 모둠별 미니 토론

평가
미니 토론 과정에 대한
자기 동료평가

피드백
주장, 의견 코너 활동

배움 활용

– 우리 학급 주제로 학급
찬반 토론

평가
토론 장면 평가

피드백
도움닫기 토론
(교사의 스캐폴딩 전략에
의한 학생의 토론 시 주장
및 의견 함께 만들기)

• **수학 : 배움 계단 수업 모형 적용 예시**

[6수03–05] 직사각형의 넓이를 구하는 방법을 이해하고, 이를 통하여
직사각형과 정사각형의 넓이를 구할 수 있다.

배움 활용

– 생활 속 직사각형과 정사
각형 넓이 구하기

평가
생활 도구(창문, 책상, 집평
명도 등) 넓이 구하는 장
면 수행평가

피드백
생활 도구별 코너 피드
백 활동

배움 표현, 일반화

– 직사각형과 정사각형 넓
이 편지 쓰기

평가
직사각형과 정사각형의
넓이 구하는 나의 방법
을 모르는 친구에게 편
지 쓰기

피드백
학생 제작 편지 첨삭지
도 및 학생 오프라인 댓
글 활동

배움 탐구

– 자석 사각형으로 사각형
넓이 구하는 방법 만들기

평가
자석 사각형으로 넓이
구하는 방법 관찰 및 서
술형 평가

피드백
자석 사각형 도움닫기
활동

교-수-평-기 일체화와
과정중심평가 수업 지도안 짜는 법

교육과정-수업-평가-기록 일체화와 과정중심평가를 위한 수업 지도안은 기존의 수업 지도안과 형식 자체부터 달라질 수밖에 없다. 수업 속 학생들의 성장과 발달 과정을 확인할 수 있는 평가와 관련된 장면과 이에 따른 피드백 활동이 교수·학습 과정 중 하나의 활동으로 함께 지도안에 제시된다면, 수업 계획 단계부터 과정중심평가와 교육과정-수업-평가-기록 일체화를 고려할 수 있게 된다.

또한 과거의 교육과정 구성 방식인 많은 주제들을 지식 전달 위주로 교육과정을 구성하였던 경우 40분 안에 하나의 주제가 완성되는 방식으로 수업 지도안을 짜는 것이 효율적인 방법이었다. 하지만 역량 기반 교육과정에서는 역량을 위한 심층적 이해가 일어날 수 있는 수업이 필요하기 때문에 적은 내용으로 깊이 있게 가르쳐야 한다. 따라서 지도안 구성 단계에서부터 40분의 한 차시 분량이 아닌 하나의 주제가 완성되는 여러 차시를 연계 관점에서 구성하는 방식이 효율적이다.

이와 같이 역량 기반 교육과정의 수업 방향인 심층적 이해와 교육과정-수업-평가-기록 일체화, 과정중심평가에 최적화된 수업 지도안 양식을 만들어 보았다.

성취기준	[6수03-05] 직사각형의 넓이를 구하는 방법을 이해하고, 이를 통하여 직사각형과 정사각형의 넓이를 구할 수 있다.			
핵심 질문	직사각형과 정사각형의 넓이를 어떻게 쉽게 구할 수 있을까?			
배움 포인트	가르침이 아닌 배움이 일어나는 수업 디자인	넓이 공식을 전달하는 가르침 수업이 아닌 학생 상호간 협력으로 넓이 구하는 방법에 대한 배움이 일어날 수 있는 수업을 디자인한다.		
	배움을 자기 언어로 표현하는 수업 디자인	직사각형 넓이 구하는 방법에 대한 자기 생각 만들기를 바탕으로 배움 내용을 자기 언어로 표현하기		
	배움을 삶과 연계시키기 위한 수업 디자인	생활 속 직사각형 넓이를 구해 보는 활동으로 성취기준에 대한 배움을 삶과 연계시킬 수 있도록 한다.		

차시	배움 탐구 및 확인(수업-평가 연계) 활동	평가 방법 및 기준	시간	자료 및 유의점
1	⊙ **배움 열기** UCC를 보고 오늘 공부할 것 생각하기 **UCC 내용 – 초콜릿 형제 이야기** 2가지 초콜릿(직사각형과 정사각형 모양) 중 양이 많은 초콜릿을 먹고 싶은데 눈으로 양이 많은 초콜릿을 구별하기 어려워서 두 초콜릿(직사각형과 정사각형 모양)의 넓이를 구해서 정확히 비교해야 할 상황에 처한 UCC 시청 ⊙ **핵심 질문** 직사각형과 정사각형의 넓이를 어떻게 쉽게 구할 수 있을까?		2 3	자석 사각형

1	⊙ 배움 탐구 • 자석 사각형으로 다양한 직(정)사각형을 만들어 보면서 넓이 구하는 방법 만들기 〈모둠협력학습〉 • 모둠에서 정한 넓이 구하는 방법 발표하기 • 선생님과 함께 넓이 구하는 방법 만들기 · 평가 · ◈ 배움 확인 • 수행과제 : 넓이 구하는 방법 모둠 친구에게 설명하기 → 모든 모둠원이 돌아가면서 설명할 수 있도록 한다. ※상→하 수준 학생 순으로 발표하여 하위 수준 학생이 친구의 발표를 보면서 배움이 일어날 수 있도록 한다. · 피드백 · • 피드백 1(동료) : 모둠 발표 시 사각형의 넓이 구하는 방법을 설명하지 못하는 학생의 경우 모둠 친구의 상호 도움 활동으로 피드백을 한다. • 피드백 2(교사) : 자석 사각형으로 사각형 넓이 구하는 원리를 이해하지 못하는 학생의 경우 사각형의 개수를 1개, 2개, 3개씩 늘려 가면서 넓이를 구하는 원리를 유추할 수 있도록 교사가 직접 피드백한다.	• 평가 1 – 구술, 자기·동료 평가 – 평가 기준 ① 2점 : 넓이 구하는 방법 스스로 설명 시 ② 1점 : 도움으로 넓이 구하는 방법 설명 시	20 10	배움 상황판
2	⊙ 배움 탐구 • 수학 편지 쓰기를 위한 사각형의 넓이 구하는 문제해결 순서도 만들기 • 주의할 점과 중요한 점 모둠 브레인스토밍 활동하기	• 평가 2 – 논술형 – 평가 기준 ① 2점 : 사각형의 넓이 공식과 공식이 나온 이유를 모두 포함하여 작성한 경우 ② 1점 : 친구와 선생님의 도움으로 편지를 작성한 경우	10	수학 편지

2	· 평가 · ◈ **배움 확인** · 수학 편지 쓰기 · 수행과제 : 사각형의 넓이를 구하지 못 하는 친구에게 넓이 구하는 방법을 알려 주는 수학 편지 쓰기 ※수행 조건 : 사각형의 넓이 구하는 공식 과 공식이 만들어진 이유가 들어간 편 지를 쓰세요. · 피드백 · · 피드백(교사) : 앞 차시 수업에서 배움이 느린 학생을 중심으로 수학 편지 작성 과 정을 관찰하면서 피드백한다. ⊙ 수학 편지(월드카페) 모둠별 수학 편지를 가장 잘 쓴 학생이 타 모 둠을 돌아다니며 자기가 쓴 편지를 읽어 주 고, 다른 모둠 친구에게 자신의 방법을 소개 하는 활동 ⊙ 수학 편지 다시 쓰기 월드카페 활동 후 부족한 부분을 찾고, 수학 편지 다시 쓰기		20 10	
3	⊙ 배움 탐구 ·생활 속 사각형 넓이 구하기 ·교실 속 생활 도구 교과서, 색종이 넓이 구 하기 ·생활 속 사각형의 넓이 구할 때 주의할 점 과 중요한 점 모둠 생각 만들고 발표하기	·평가 3 – 관찰, 논술 ① 2점 : 생활 도구 의 넓이를 모두 옳게 구한 경우 ② 1점 : 친구와 선 생님의 도움으로 넓 이를 구한 경우	10	

3		· 평가 · ◈ **배움 확인** • 생활 속 직(정)사각형 넓이 구하기 • 수행과제 : 1000원 지폐, 창문, 집(평면 도) 넓이 구하기 ※수행 조건1 : 각 사각형 넓이 구하는 방법 을 모둠 친구들과 함께 탐구해 보고, 각 사각형의 넓이와 풀이 과정을 쓰시오. ☞ 생활 도구의 넓이 구하는 방법은 모둠원 이 공동으로 탐구하고, 넓이 구하는 과정 과 답은 개인 논술형 평가로 · 피드백 · • 피드백(동료) : 실제 직사각형이나 정사각 형 생활 도구의 넓이 구하는 방법을 함께 탐구하고, 넓이 구하는 방법을 이해하고, 구하지 못하는 학생은 모둠 친구들의 도 움으로 함께 해결할 수 있도록 한다. • 피드백(교사) : 모둠 친구의 도움으로도 해결하지 못한 학생의 경우 도움부스에 모여 선생님의 도움으로 생활 속 사각형 의 넓이를 구할 수 있도록 한다. ※도움 없이 문제를 해결한 학생들의 경우 도전 과제(끝이 둥근 사각형 등 완벽한 사각형으로 이루어지지 않은 물체의 넓 이 구하는 방법 탐구 활동) 부여 ※도움을 받은 친구는 생활 도구의 넓이 구 하는 논술형 평가를 재작성하도록 한다.		20 10	

평가 기준	상	직사각형과 정사각형의 넓이를 구하고, 그 방법을 설명할 수 있으며, 생활 속에 활용할 수 있는 경우	6점
	중	3가지 활동 중 1, 2가지 활동을 친구의 도움으로 해결한 경우	4~5점
	하	안내된 절차에 따라 직사각형과 정사각형의 넓이를 구할 수 있는 경우	3점

- **40분 1차시용 지도안이 아닌 성취기준 시작 차시부터 끝 차시를 한 번에 짜 보세요.**
  ☞ 역량을 위한 심층적 이해가 가능한 수업은 한 차시로는 부족합니다.

- **하나의 성취기준을 기준으로 배움 탐구 → 배움 표현 → 배움 활용의 단계로 지도안을 짜 보세요.**
  ☞ 배움 활용 시 학생들의 생활 장면에서 지식·기능·태도를 드러낼 수 있도록 지도안을 짜면, 역량을 키우는 수업에 가까워집니다.

- **앞의 지도안의 배움중심수업 3가지 포인트를 생각해 보고 지도안을 짜 보세요.**
  ☞ 배움중심수업에 가까워질 수 있습니다.

- **지도안을 보고 평가도 동시에 이루어질 수 있도록 짜 보세요.**
  ☞ 평가를 녹인 수업 지도안을 짜는 순간부터 교육과정-수업-평가-기록 일체화는 시작됩니다.

- **피드백도 하나의 활동으로 구성하여 지도안을 짜 보세요.**
  ☞ 피드백도 수업 활동 중 하나의 활동으로 지도안을 짜면 학생의 성장과 발달을 위한 과정중심평가가 가능해집니다.

· 교육과정 문해력 Core 13 ·

평가 문서 바르게 읽고 쓰는 법

교육부 훈령(학교생활기록 작성 및 관리 지침)의 해석

학생 평가와 관련된 법과 같은 위력을 발휘하는 문서는 교육부에서 시행하는 훈령(학교생활기록 작성 및 관리 지침)이다. 이 훈령에 의거하여 각시·도 교육청에서는 학업성적관리 시행지침을 만들고, 최종적으로 학교에서는 해당 학교의 학업성적관리 규정을 만든다.

따라서 전체 학생 평가의 방향성을 좌우하는 훈령의 중요한 용어와 문장에 대한 교육과정 문해력 관점의 올바른 해석이 필요하다. 훈령에서 학생 평가에 중요한 영향을 미치는 포인트는 2가지가 있다.

우선 훈령의 방침 중 "다" 항목에 대한 바른 이해가 필요하다.

[별지 제9호]

교과학습발달상황 평가 및 관리

(중략)

1. 방침

　다. 교과학습발달상황의 평가는 지필평가와 수행평가로 구분하여 실시한
　　다. 다만, 각 호에 대하여 시·도 교육청의 학업성적관리 시행지침에 의
　　거하여 학교별 학업성적관리 규정으로 정하여 수행평가만으로 실시할
　　수 있다.

　　(1) 초등학교와 중학교에서 과목 특성상 수업활동과 연계한 수행평가
　　　만으로 평가가 필요한 경우

　이를 위해서는 우선 지필평가에 대한 용어 정의가 필요하다. 지필평가
라 함은 중·고등학교의 경우 명확하게 중간고사와 기말고사를 의미한
다. 그런데 초등의 경우 대부분 시·도 교육청 학업성적관리 시행지침에
서 중간고사와 기말고사 방식의 일제식 평가를 폐지하고 있다. 따라서
중간고사와 기말고사가 폐지된 상태에서 지필평가라는 용어의 혼돈이
생기고 있다. 교육부 주최의 학생평가 교원연수 교재에서 한국교육과정
평가원 연구원이 지필평가를 "학생이 자신의 지식 및 기능에 대한 습득
여부를 나타내기 위하여 종이와 필기도구를 이용하여 주어진 문항에 응
답하는 방식의 평가이며, 선택형 문항 이외에 서답형 문항(완성형, 단답
형, 서술형, 논술형 등)이 있다."로 정의하였다. 중간고사와 기말고사 방식

의 일제식 고사가 폐지된 시·도 교육청의 초등학교에서는 지필평가를 이와 같이 인지적인 영역을 종이와 필기도구를 활용하는 평가방식으로 통용하고 있다.

중·고등학교의 경우 내신 산출 비율 때문에 지필평가와 수행평가의 엄격한 구분이 필요하다. 지필평가와 수행평가의 비율에 의하여 내신 성적이 산출되기 때문이다. 하지만 초등의 경우 내신 성적을 산출하지 않기 때문에 학생 평가에서 지필평가와 수행평가에 대한 구분이 필요하지 않다. 하나의 성취기준을 평가하는 과정에서 지필평가의 방법들이 보조 수단으로 사용되는 수행평가와 지필평가 방식이 혼용되어 사용되는 경우도 많이 있다. 실제 17개 시·도 교육청 중 대부분의 시·도 교육청이 초등의 경우 지필평가와 수행평가를 구분하지 않고 평가로 통합하여 명칭하고 있다.

서울의 경우 2016학년도부터 지필, 수행에 대한 구분 없이 평가로 통칭하고 있으며, 경기도의 경우 2018학년도부터 훈령의 "다" 항목인 "수행평가만으로 실시할 수 있다"는 문구를 적극 해석하여 사실상 학생 평가에서 수행평가에 해당하는 평가 방법의 적극 활용을 강조하는 시행지침으로 바뀌었다.

이와 같이 초등의 경우 대부분의 시·도 교육청 학업성적관리 시행지침에서 지필평가 용어가 사라지고 서술형 평가와 논술형 평가 및 다양한 수행평가 방법들의 활용을 강조하고 있다. 따라서 평가 계획을 수립하기 전에 우선 해당 시·도 교육청의 학업성적관리 시행지침에서 지필평가와 수행평가 구분이 살아 있는지에 대한 확인이 필요하다. 지필평가에 대한 언급이 없이 평가로 통칭되어 있는 경우 평가 계획 수립 단계에서부터 지필 평가와 수행평가로 구분할 필요가 없다. 해당 시·도 교육청의 학업성적 관리 시행지침에서 강조한 평가 방법들을 적극 활용하여 평가 계획을 수립하고, 이를 교수·학습 과정에서 사용하면 되는 것이다.

성취기준 재구조화

훈령 문구 중 교육과정 문해력의 관점에서 살펴봐야 할 것은 다음과 같다.

[별지 제9호]

교과학습발달상황 평가 및 관리

(중략)

3. 평가의 목표·내용 및 방법

나. 성취기준이란 학생들이 교과를 통해 배워야 할 내용과 이를 통해 수업 후 할 수 있거나 할 수 있기를 기대하는 능력을 결합하여 나타낸 활동의 기준을 의미하며, 학생의 특성·학교 여건 등에 따라 교육과정 및 교과서 내용을 분석하여 교과협의회를 통해 재구조화할 수 있다.

훈령의 평가 목표·내용 및 방법 중 성취기준 "재구조화"라는 용어가 사용되었다. 이 재구조화에 따라 학생 평가 계획 수립 절차와 실제 평가

해야 할 내용과 수업 내용 선정·조직이 달라질 수 있기 때문에 용어에 대한 바른 해석이 필요하다.

성취기준 재구조화는 앞에서 언급한 성취기준을 구성하고 있는 주요 내용 요소를 유지한다면 성취기준 진술 방식의 변경이 가능하다는 전제에서 출발한다. 이에 따라 동일 수행과제에서 평가가 가능한 2개 이상의 성취기준을 하나로 통합하여 하나의 평가 내용으로 재진술하는 것이 가능하다는 의미로 해석할 수 있다. 재구조화에 대한 구체적인 방법들은 다음과 같다.

• 성취기준 통합을 통한 재구조화 방법

국어과의 성취기준 중 "[2국03-03] 주변의 사람이나 사물에 대해 짧은 글을 쓴다."와 "[2국03-04] 인상 깊었던 일이나 겪은 일에 대한 생각이나 느낌을 쓴다."는 2개의 성취기준은 앞에서 언급한 바와 같이 동일 수행과제로 2가지 성취기준을 한 번에 평가할 수 있다. 이 경우 두 성취기준의 지식과 기능 요소는 살리면서 다음과 같이 통합할 수 있다.

[2국03-03] 주변의 사람이나 사물에 대해 짧은 글을 쓴다.	[2국03-04] 인상 깊었던 일이나 겪은 일에 대한 생각이나 느낌을 쓴다.

↓ ↓

[2국03-03, 04 통합한 성취기준 재진술] 주변의 사람이나 사물과 관련된 인상 깊었던 일을 생각이나 느낌이 드러나는 글로 쓴다.

[표 5-14] 성취기준 통합을 통한 재구조화

이와 같이 동일 수행과제에서 2개의 성취기준을 동시에 수업하고 평가할 수 있으면 굳이 각 성취기준별 수업과 평가를 계획할 필요가 없다. 이와 같은 경우 각 성취기준의 주요 내용 요소를 모두 포함하여 [표 5-14]와 같은 재진술이 가능하다.

국어과 성취기준의 경우 각 영역의 마지막 성취기준은 태도에 대한 성취기준이 제시되어 있다.

교육과정 성취기준
[6국02-01] 읽기는 배경지식을 활용하여 의미를 구성하는 과정임을 이해하고 글을 읽는다.
[6국02-02] 글의 구조를 고려하여 글 전체의 내용을 요약한다.
[6국02-03] 글을 읽고 글쓴이가 말하고자 하는 주장이나 주제를 파악한다.
[6국02-04] 글을 읽고 내용의 타당성과 표현의 적절성을 판단한다.
[6국02-05] 매체에 따른 다양한 읽기 방법을 이해하고 적절하게 적용하며 읽는다.
[6국02-06] 자신의 읽기 습관을 점검하며 스스로 글을 찾아 읽는 태도를 지닌다.

각 영역별 마지막 순서에 제시된 태도에 대한 성취기준은 개별 평가과제를 부여하여 평가하는 방식보다는 앞의 01~05 성취기준 평가 장면에서 함께 평가하는 것이 효율적인 평가가 될 수 있다. 따라서 국어과 각 영역의 마지막에 제시된 정의적 요소의 성취기준은 앞의 인지적 요소의 성취기준과 통합하여 평가할 수 있도록 한다.

성취기준을 중심으로 평가 계획을 수립하고 교육과정을 재구성하는 과정에서 동일 수행과제에서 2가지 성취기준을 함께 평가할 수 있는 경우 평가 횟수를 줄일 수 있는 효과가 있다.

• 성취기준 종속에 의한 재구조화 방법

앞의 경우와 같이 2개의 성취기준이 서로 대등한 관계에서 통합되는 경우도 있지만, 하나의 성취기준을 이수했을 때 그와 연계된 다른 성취기준도 이수했다고 판단할 수 있는 종속 관계의 성취기준들이 존재한다. 예를 들어 수학과의 "[수02-04] 구체물이나 평면도형의 밀기, 뒤집기, 돌리기 활동을 통하여 그 변화를 이해한다."와 "[4수02-05] 평면도형의 이동을 이용하여 규칙적인 무늬를 꾸밀 수 있다." 성취기준의 경우 후자인 [4수02-05] 성취기준에 대한 평가가 이루어지는 과정에서 [4수02-04] 성취기준에 대한 평가도 함께 이루어질 수 있다. 즉, 평가 계획 수립 시 [4수02-05] 평가를 통하여 [4수02-04] 성취기준도 함께 평가가 가능하기 때문에 2개의 성취기준은 종속 관계로 볼 수 있다.

[4수02-05] 평면도형의 이동을 이용하여 규칙적인 무늬를 꾸밀 수 있다.

[수02-04] 구체물이나 평면도형의 밀기, 뒤집기, 돌리기 활동을 통하여 그 변화를 이해한다.

이와 같이 성취기준들을 분석하여 서로 종속 관계에 있는 성취기준들을 찾을 경우 종속 관계에 의한 성취기준의 재구조화가 가능하다.

• 평가 계획 수립 절차

① 나이스 교과평가에 입력할 성취기준 선정

↓

② 성취기준 재구조화

↓

③ 평가 내용 선정

↓

④ 평가 방법 선정
※ 시·도 교육청 학업성적관리 시행지침에 수행·지필평가 구분이 있는 일부 시·도 및 중등의 경우 ③단계에서 선정한 평가 내용에 지필·수행평가 구분 필요

↓

⑤ 평가 시기 선정

• 각 단계별 TIP

① 나이스 교과평가에 입력할 성취기준 선정

☞ 모든 교과, 영역의 성취기준을 3~5단계로 평가하고, 나이스 교과평가 탭에 기록할 필요가 있을까? 실제 많은 학교의 교사를 만나 보았지만, 모든 성취기준을 전부 나이스 교과평가 탭에 기록하는 경우는 보지 못하였다. 따라서 우선 성취기준을 분석하는 과정에서 학교의 학업성적관리 규정에서 정한 3~5단계로 평가한 후 나이스 교과평가에 기록이 필요한 성취기준과 성취기준 도달도를 확인하는 수준으로 평가할 수 있는 성취기준으로 분류하는 과정이 필요하다. 이 과정에서 나이스 교과평가 탭에 3~5단계 평가 결과 기록 대상이 되는 성취기준을 정보 공시 평가 계획 문서에 포함하면 되는 것이다.

Q. 나이스에 입력한 성취기준만 평가하고 나머지는 평가하지 않나요?

A. 나이스에 기록하지 않는다고 평가를 하지 않는다는 의미가 아니다. 평가 계획에 수록하지 않은 성취기준은 나이스에 기록을 하지는 않지만 교육과정 수립 시 배움이 일어나고, 배움을 확인하는 활동을 함께 수립하여 학생의 성취기준 도달도를 수업 중 확인하고 피드백하여 성장과 발달이 일어날 수 있도록 한다. 다만, 모든 성취기준을 평가 도구를 만들고 이를 문서화하여 결재를 맡아야 하는 행정적 절차를 처리하는 것이 교사에게 업무 과중이 될 수 있기 때문에 나이스에 기록을 하지 않는 평가의 경우 형식에서 벗어나자는 의도로 이와 같은 방법을 제시하였다.

② 성취기준 재구조화 적극 활용하기
☞ 성취기준 재구조화를 활용할 경우 평가 횟수를 많이 줄일 수 있다. 실제 교수·학습
과 평가 장면에서 동일 교과뿐만 아니라 타 교과 간에도 하나의 수행과제로 두 교과
의 성취기준을 함께 수업하고 평가할 수 있는 경우가 많다. 이러한 경우 각 성취기준
의 주요 내용 요소를 버리지 않는 범위에서 성취기준을 통합하여 평가하면 한 번의
평가로 2개 이상의 성취기준을 평가할 수 있다.

③ 평가 내용 선정
☞ 평가 내용은 성취기준 분석 후 평가 요소에 해당하는 부분과 이를 평가하기 위한 평
가 장면이 포함될 수 있도록 수립한다. 성취기준에 대한 평가 장면의 경우 결국 수업
장면에 해당하는 부분이기 때문에 교육과정과 연계하여 수립하는 것이 효율적이다.
예) [4사02-04] "옛날의 세시풍속을 알아보고, 오늘날의 변화상을 탐색하여 공통점
과 차이점을 분석한다."의 평가 내용은 "옛날 세시풍속을 주제로 모둠별 조사 발
표 자료를 제작·발표한 후 오늘날과의 공통점과 차이점에 대한 모둠 토의하기"로
설정할 수 있다.

④ 평가 방법 선정
☞ 평가 방법은 앞의 ③단계 평가 내용을 통하여 선정한다. 성취기준에 대한 평가 요소
를 알아보기 위한 평가 장면이 곧 평가 방법으로 연결된다. 앞의 예시에서 조사 발표
자료를 제작 및 발표하는 평가 장면에서 수행평가로 보고서 방법을 선정할 수 있고,
모둠 토의하는 장면에서 토의·토론법을 선정할 수 있다.
또한 각 시·도 교육청 학업성적관리 시행지침에서 지필평가와 수행평가로 구분하는
조항이 있는 일부 시·도나 중등의 경우 평가 방법 선정 이전에 지필평가와 수행평가에
대한 구분이 필요하다. 성취기준에 대한 평가 요소가 인지적인 요소로 구성되어 있으
며, 평가 방법이 선택형·단답형·서술형으로만 평가할 수 있는 경우 보통 지필평가로 분
류한다.
하지만 성취기준에 대한 평가 요소가 지필평가의 방법으로 평가하는 경우가 아닌 토
의·토론, 실험실습 등의 실제 수행 장면이 필요한 경우 수행평가로 분류한다.

⑤ 평가 시기 선정
☞ 평가 시기의 경우 일제식 고사 형태인 중간·기말고사가 아닌 경우 교육과정 계획과
연계하여 평가 시기를 선정해야 한다. 해당 성취기준 수업이 이루어지는 시점에 평가
시기를 정하면 되는 것이다. 또한 평가 시기의 경우 ○월 ○주와 같이 주 단위까지 입
력할 경우 너무 구체적인 계획으로 계획과 실제 평가가 다르게 운영되는 경우가 생길
수 있으며, 과정중심평가에 의하여 성취기준별로 2~3회의 평가가 이루어질 수 있기
때문에 ○월 단위로 대강화한 시기 선정이 효율적일 수 있다.

성취기준	관련 단원	영역	평가 내용	평가 방법	평가 시기
[2국03-04] 인상 깊었던 일이나 겪은 일에 대한 생각이나 느낌을 쓴다.	2. 인상 깊었던 일을 써요	쓰기	〈성취기준 통합 평가〉 주변의 사람이나 사물과 관련된 인상 깊었던 일 글로 쓰기	논술형 평가	3월
[2국03-03] 주변의 사람이나 사물에 대해 짧은 글을 쓴다.	6. 자세하게 소개해요				
[2국02-04] 글을 읽고 인물의 처지와 마음을 짐작한다	4. 인물의 마음을 짐작해요	읽기	글을 읽고 인물의 처지와 마음을 글로 쓰기	논술형 평가	4월
[2국05-04] 자신의 생각이나 겪은 일을 시나 노래, 이야기 등으로 표현한다. [2국05-05] 시나 노래, 이야기에 흥미를 가진다.	5. 간직하고 싶은 노래	문학	〈성취기준 통합 평가〉 겪은 일을 시로 작성하여 발표하기	구술평가, 정의적 평가	4월
[2국01-06] 바르고 고운 말을 사용하여 말하는 태도를 지닌다.	8. 바르게 말해요	듣기·말하기	생활 속에서 바른 말 사용하기	자기평가 동료평가	5월

(출처 : 2018 경기도 초등 학업성적관리 시행지침 Q&A 자료)

평가 문해력을 결정하는 2가지 포인트

평가 문해력이 드러나는 순간

다음 성취기준은 어떤 평가 방법을 써야 할까?

[6국01-03] 절차와 규칙을 지키고 근거를 제시하며 토론한다.

위 성취기준에 대해서는 다음과 같은 문항으로 평가를 하는 경우가 많이 있다.

1. 다음 중 토론 시 지켜야 할 사항이 아닌 것은? (　　)
  ① 주장에 대한 근거를 들어 이야기한다.
  ② 토론 주제와 관련된 다양한 자료를 활용한다.

③ 상대방의 입장을 끝까지 듣고 이야기한다.

④ 가능한 오래 이야기할 수 있도록 한다.

⑤ 상대방을 존중하는 태도를 갖고 토론에 참여한다.

2. 다음 중 토론 시 토론 결과를 정리하는 단계를 고르시오. (   )

① 반론하기 ② 판정하기 ③ 토론 준비하기 ④ 주장 펼치기 ⑤ 주장 다지기

이러한 평가 문항을 쓴 경우는 교육과정 문해력이 떨어진다고 볼 수 있다. 이 문항의 성취기준은 토론에 대한 지식적인 요소를 바탕으로 토론하는 기능과 태도를 실제 토론 장면에서 수행으로 드러내는 것을 요구한다. 따라서 성취기준 도달도를 확인하는 평가가 되기 위해서는 수행평가의 토의·토론 방법으로 평가하는 장면이 필요하다. 그런데 이 문제는 토론에 대한 기본 지식만을 평가하는 문항이어서 이 문제를 해결했다고 해서 원하는 성취수준에 도달했다고 볼 수 없다. 결론적으로 말하면, 이 평가 문항을 쓴 교사는 성취기준의 핵심을 잘못 짚어 해석하였기 때문이다.

이와 같이 평가 측면에서의 교육과정 문해력은 학생들의 성취기준 도달도를 확인하는 교육과정의 마무리 단계를 담당하고 있는 중요한 역할을 한다. 그런데 교육과정 문해력을 이야기할 때 주로 교과서를 벗어난 수업, 성취기준 중심의 교육과정 재구성 등 교육과정과 수업에 대한 이야기만 강조되고 있다. 평가에서도 교사의 교육과정 문해력은 중요한 부분이기 때문에 평가를 위한 교육과정 문해력의 2가지 중요한 포인트를 알아보도록 하겠다.

평가 문해력 1 – 평가 요소 뽑는 법

평가 측면의 교육과정 문해력을 위해서는 성취기준을 분석적으로 보는 관점이 필요하다. 성취기준을 지식적인 요소와 기능적인 요소, 가치·태도로 분석하면 평가해야 할 요소가 명확히 드러난다.

[4수03-14] 여러 가지 방법으로 삼각형과 사각형의 내각의 크기의 합을 추론하고, 자신의 추론 과정을 설명할 수 있다.

위 성취기준의 경우 지식에 해당하는 요소는 삼각형과 사각형의 내각의 크기의 합이고, 기능에 해당하는 요소는 추론과 설명이다. 따라서 이 성취기준의 평가 요소는 삼각형과 사각형의 내각의 크기의 합이라는 지식을 추론과 설명이라는 기능을 볼 수 있도록 "삼각형과 사각형의 내각의 크기의 합을 추론하고 설명하기"로 정해야 하고, 평가 장면에서 추론과 설명하는 과정이 포함되어 있어야 한다.

[6사01-01] 우리나라의 위치와 영역이 지니는 특성을 설명하고, 이를 바탕으로 하여 국토 사랑의 태도를 기른다.

성취기준 [6사01-01]은 우리나라의 위치와 영역이 지니는 특성의 지식에 해당하는 요소와 설명해야 하는 기능, 그리고 국토 사랑의 태도를 기른다는 가치·태도 요소로 구성되어 있다. 이 경우 평가 요소는 우리

나라의 위치와 영역이 지니는 특성 설명하기와 국토 사랑의 태도 기르기 2가지로 추출할 수 있다.

평가 요소 뽑는 법은 쉽게 말해서 성취기준의 핵심 요소를 뽑아 내는 과정이라고 볼 수 있다. 교육과정을 재구성할 때는 성취기준을 맥락적으로 해석하는 관점이 필요했다면, 평가를 할 때는 성취기준을 지식, 기능, 가치·태도의 분석적 관점으로 보는 것이 필요하다. 이를 통하여 3가지 관점으로 분석된 요소들로 평가 요소를 만들면 된다.

평가 문해력 2 - 최적의 평가 도구 찾기

평가 요소를 추출했으면 그에 맞는 최적의 평가 도구를 선정해야 한다. 평가 요소의 성격에 따라 성취도를 알아보는 데 성격이 잘 맞는 평가 도구가 있기 때문이다. 평가 도구 선정의 단계에서는 성취기준 중 기능 요소에 대한 분석이 중요하다. 기능 요소의 성격에 따라 어울리는 평가 도구들이 결정되는 경우가 많기 때문이다.

"[2국01-01] 상황에 어울리는 인사말을 주고받는다." 성취기준의 경우 기능에 해당하는 요소는 '주고받는다'이다. 주고받는 것은 결국 담화 장면에 대한 구술평가가 가장 적합한 평가 도구임을 쉽게 찾을 수 있다.
"[6과14-03] 계절 변화의 원인은 지구 자전축이 기울어진 채 공전하기 때문임을 모형 실험을 통해 설명할 수 있다." 성취기준의 경우 모의 실험을 통해 설명하는 것이 이 성취기준의 기능에 해당하는 요소이다. 따라서 모의 실험과 관련된 실험실습이 가장 최적의 평가 도구인 것이 쉽게 드러난다.

"[4국01-06] 예의를 지키며 듣고 말하는 태도를 지닌다." 성취기준의 경우 가치·태도의 요소가 포함되어 있다. 이와 같이 태도가 포함된 성취기준의 경우 정의적 평가를 함께 실시하는 것이 성취기준에 대한 도달도를 확인하는 데 효율적인 평가 방법이다.

평가 도구 선정 능력은 성취기준을 제대로 평가할 수 있는 평가인지 여부를 결정짓는 평가 타당도의 중요한 요소이다. 말하기·듣기 기능을 요구하는 성취기준에서 서술형 평가만을 실시한다면, 아무리 문제를 잘 출제하였어도 말하고 듣는 기능을 평가하지 못하는 타당도가 떨어지는 문제가 되어 버린다.

이와 같이 교육과정 성취기준 도달도를 확인하기 위해서는 성취기준에서 어떤 것을 평가해야 하고, 어떻게 평가해야 하는지에 대한 능력인 평가 문해력이 꼭 필요하다.

Core 14 TIP_ 평가 도구, 함께 쓰면 효과가 배가 돼요!

성취기준은 지식, 기능 그리고 가치·태도 요소로 이루어져 있기 때문에 한 가지 평가 도구만으로는 타당도 높은 평가가 이루어지기 어렵다. 따라서 성취기준의 평가 요소를 분석한 후 각 요소들을 평가하기 적합한 평가 도구로 개발하여 함께 사용하는 것이 효율적인 평가가 될 수 있다.

예1) [4영02-04] 한두 문장으로 자기소개를 할 수 있다.
☞ 위 성취기준과 같이 말하는 기능에 대한 평가의 경우 구술평가를 활용하는 것이 일반적이다. 하지만 전체 학생을 대상으로 구술평가할 경우 시간적인 제약이 따르며, 앞 순서 학생들의 평가 장면이 정보가 되어 뒷부분 학생 평가에 신뢰도 문제가 생길 수 있다. 따라서 모둠 활동으로 영어로 자기소개를 하게 하고, 동료평가 방법을 함께 사용할 수 있도록 한다. 이때 교사는 평가 기준을 TV 화면에 띄워 놓으면서 모둠원들이 말하는 장면을 동료평가할 수 있도록 한다.

예2) [4사03-01] 지도의 기본 요소에 대한 이해를 바탕으로 하여 우리 지역 지도에 나타난 지리 정보를 실제 생활에 활용한다.
☞ 지도의 기본 요소에 대한 이해를 서술형 평가 도구를 활용하여 알아보고, 평가 결과를 확인하여 이해가 부족한 학생을 피드백해 준 후, 실제 지도로 우리 지역 지도에 나타난 지리 정보를 활용한 마을 탐사 프로젝트와 같이 프로젝트 평가를 함께 활용하면 성취기준에 대한 도달도를 타당도 있게 확인할 수 있다.

평가 도구, 하나만 바꿔 보자

2015 개정 교육과정 총론 중

3. 평가

　다. 학교는 교과의 성격과 특성에 적합한 평가 방법을 활용한다.

　　1) 서술형과 논술형 평가 및 수행평가의 비중을 확대한다.

위 총론에서와 같이 2015 개정 교육과정 및 과정중심평가 체제에서는 서술형·논술형 및 수행평가의 활용이 강조되고 있다. 따라서 교사 평가 전문성의 핵심은 위 평가 도구 제작 능력과 직결되어 있다.

수행평가, 수행과제 하나만 바꿔 보자

수행평가의 경우 '문항'이라는 표현보다는 '과제'라는 용어를 많이 쓰고 있는 추세이다. 문항의 경우 구조화(시험지에서 보는 특수한 장면)된 성격을 갖고 있어 실제적 맥락을 활용한 평가의 방향과 거리가 멀기 때문에 수행평가의 경우 '수행과제'라는 표현으로 쓰이고 있다. 수행과제는 성취기준에 대한 이해를 수행으로 증명해 보일 수 있는 과제를 개발해야 한다. 이를 위한 수행과제 개발 절차를 예시로 설명해 보도록 하겠다.

1. 성취기준의 평가 요소 추출

"[2수02-03] 교실 및 생활 주변에서 여러 가지 물건을 관찰하여 삼각형, 사각형, 원의 모양을 찾고, 그것들을 이용하여 여러 가지 모양을 꾸밀 수 있다." 성취기준의 경우 다음과 같이 평가 요소를 추출할 수 있다.

평가 요소 1. 교실 및 생활에서 삼각형, 사각형, 원 모양 찾기
평가 요소 2. 삼각형, 사각형, 원을 활용하여 모양 꾸미기

2. 평가 요소별 수행과제 선정

평가 요소별 성취수준을 확인할 수 있는 수행과제를 선정한다. 이때 지식·기능·태도를 조합한 수행으로 드러내야 하는 역량의 성격을 고려하여 다음과 같은 수행과제를 선정한다.

평가 요소		수행과제
교실 및 생활에서 삼각형, 사각형, 원 모양 찾기	☞	교실에서 다양한 삼각형, 사각형, 원 모양의 물건들을 찾아봅시다.
삼각형, 사각형, 원을 활용하여 모양 꾸미기	☞	다음 모양을 사용하여 3가지 모양을 꾸며 봅시다.

3. 구체적 수행 조건 선정

이와 같이 선정한 수행과제가 실제 수행평가로 활용되어 학생들의 평가 자료로 쓰이게 된다. 수행과제 선정 시에는 구체적인 수행 조건이 필요한 경우가 있다. 위 문항의 수행과제에 대한 조건을 선정하기 위하여 수행과제별 평가 기준을 확인해 볼 필요가 있다.

수행과제		평가 기준
교실에서 다양한 삼각형, 사각형, 원 모양의 물건들을 찾아봅시다.	상	교실에 있는 삼각형, 사각형, 원 모양을 2가지씩 모두 옳게 찾은 경우
	중	삼각형, 사각형, 원 모양을 찾은 경우
	하	삼각형, 사각형, 원 모양을 구별하였으나, 교사와 친구의 도움으로 교실에서 삼각형, 사각형, 원을 찾은 경우
다음 모양을 사용하여 3가지 모양을 꾸며 봅시다.	상	삼각형, 사각형, 원을 모두 사용하여 구체적인 모양(집, 놀이기구 등)을 꾸민 경우
	중	삼각형, 사각형, 원을 모두 사용하여 모양을 꾸민 경우
	하	삼각형, 사각형, 원 중 일부를 사용하여 모양을 꾸민 경우

학생들에게 수행과제를 제시하면서 평가 기준에 대한 정보를 제공하는 것이 수행 조건 제시에 해당한다. 실제 위 수행 장면에서 삼각형과 사각형, 원을 2가지 모두 찾을 수 있지만, 이에 대한 조건이 제시되어 있지 않아서 1가지만 찾고 수행을 끝내는 학생들도 있다. 이러한 경우를

대비하기 위하여 평가 기준 '상'에 대한 정보를 수행 장면에서 학생들에게 제시해 주어야 한다.

수행과제		수행조건
교실에서 다양한 삼각형, 사각형, 원 모양의 물건들을 찾아봅시다.	☞	각 모양별로 2가지씩 찾으세요.
다음 모양을 사용하여 3가지 모양을 꾸며봅시다.	☞	조건1. 3가지 색깔 모양 모두를 사용하세요. 조건2. 집, 놀이기구 등 구체적 모양을 꾸미세요.

서술형 · 논술형 평가, 조건 하나만 추가해 보자

좋은 서술·논술형 문항과 그렇지 않는 문항으로 나눌 수 있는 기준은 무엇일까? 여러 가지가 있겠지만 가장 기본적인 요소는 학생들이 문제를 보고 성취기준에 대한 답을 쓸 수 있게 출제된 문제인지, 아닌지의 여부이다. 이를 평가 용어로 '내용 타당도'라 한다. 성취기준 "[6수01-13] 소수의 곱셈의 계산 원리를 이해한다."와 관련한 다음 문항을 보고 이 문항에 학생들이 어떤 답을 쓸지 생각해 보자.

〈운전 습관 비교〉

첫째 날은 급하게 운전하여 휘발유 1L로 13.7㎞를 갔고, 둘째 날은 일정한 속도를 유지하며 운전하여 휘발유 2.5L로 59.25㎞를 갈 수 있었다.

※ 위 글을 읽고 자동차 운전자들에게 하고 싶은 말을 쓰시오.

이 문항은 실제 경기도교육청 논술형 평가 자료집으로 개발되기 직전의 문제였다. 이 문항의 타당도를 확인해 보기 위해 학생들에게 답을 써 보게 하였는데, "기름 값이 비싸기 때문에 과속을 하지 맙시다!" "바쁜 일이 있어도 일정한 속도를 유지하면서 운전합시다."와 같은 출제자가 전혀 예상하지 못했던 엉뚱한 답변들이 나왔다. 실제 성취기준에 해당하는 소수의 곱셈을 해결한 학생들 중에서도 이런 답을 쓴 학생들이 있었다. 그래서 이 문항은 최종적으로 '단, 운전 습관에 따라 자동차가 갈 수 있는 거리의 비교가 나타나도록 작성할 것'이라는 조건이 붙어서 문제가 보완되었다.

서술형·논술형 문항에서 이런 답변이 나온 이유는 무엇일까? 객관식과 같이 5가지 중에 한 가지를 고르는 구조가 아니라 백지라는 공간에 답을 쓰는 구조 때문에 이런 무궁무진한 답변들이 나오는 것이다. 이와 같은 서술형·논술형 평가의 실태를 표현하면 다음과 같다.

[표 5-15] 서술형·논술형 평가의 실태
(출처 : 교육과정–수업–평가를 일체화하는 과정중심평가)

이와 같이 서술형·논술형은 문항을 조금이라도 허술하게 출제할 경우 성취기준과 관련 없는 답을 쓰는 학생들이 많이 나오는 구조가 되어 버린다. 문항을 출제하다 보면 문항이 '열려 있다' 혹은 '닫혀 있다'라는 표현을 많이 쓰는데, 문항이 너무 많이 열려 있는 경우 이와 같은 엉뚱한 답이 나와 성취기준을 평가할 수 없는 내용 타당도가 떨어지는 문제가 되기 때문에 조건의 역할을 고려하여 열고 닫는 기능을 잘 조절해야 한다.

Core 15 TIP_ '이해'를 확인할 수 있는 평가

- 서술형·논술형 평가가 단순 지식 암기에 대한 문제가 아닌 학생의 사고력을 평가할 수 있기 위해서는 '이해'의 요소를 고려해야 한다. 다음 이해의 요소가 문제에 포함되면 단순 지식 암기가 아닌 사고력을 묻는 문제가 될 수 있다.

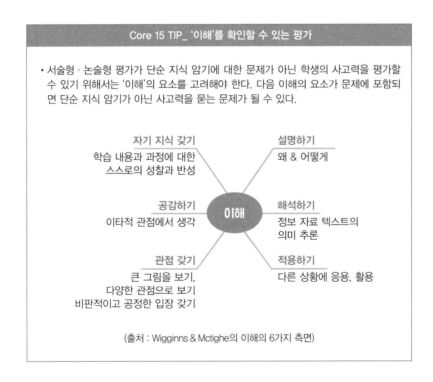

(출처 : Wigginns & Mctighe의 이해의 6가지 측면)

명의가 되는 루브릭 만드는 법

최근 학생 평가는 발달적 평가관의 흐름에 따라 학생들을 서열화하는 평가에서 학생의 성장과 발달을 지원하기 위한 역할로 빠르게 변화해 가고 있다. 이러한 흐름 속에서 평가 도구 또한 과거의 선택형·단답형 평가 도구보다는 서술형·논술형 등 다양한 수행평가 도구들이 활용되고 있다. 그러나 선택형·단답형 평가 도구에 비해서 서술형·논술형을 비롯한 다양한 수행평가 도구들은 채점자의 전문적인 판단 능력이 중요한 요소로 작용한다. 실제 수행평가나 논술형 평가는 교사의 주관적인 판단이 채점에 영향을 미칠 수 있기 때문에 채점 신뢰도에 대한 문제가 지적되고 있다.

이와 같은 채점 신뢰도 문제는 평가 루브릭(채점 기준)으로 보완할 수 있다. 채점 신뢰도를 보완하기 위해서 루브릭은 평가 장면에서 나올 수 있는 다양한 경우의 수에 적용할 수 있어야 하며, 우수한 학생을 우수한 학생으로, 노력이 필요한 학생을 노력이 필요한 학생으로 정확히 판별해 낼 수 있어야 한다.

　루브릭을 만들기 위해서는 우선 성취기준을 분석해야 한다. 성취기준에서 평가해야 할 평가 요소가 루브릭의 직접적인 준거가 된다. 다음 예시를 통하여 루브릭 제작 절차를 알아보도록 하겠다.

1. 성취기준에 대한 평가 요소 선정

[2수05-02] 분류한 자료를 표로 나타내고(A), 표로 나타내면 편리한 점을 말할 수 있다(B).

2. 평가 요소를 준거로 루브릭 선정

[2수05-02] 성취기준의 경우 평가 요소가 A와 B로 나뉘어지고, 루브릭도 평가 요소 A와 B에 대한 것 2가지로 구성된다.

3. 평가 요소별 학생 평가 기준 작성

평가 요소별로 학생들의 성취도를 확인할 수 있는 평가 기준을 작성한다. 평가 기준은 평가 요소별로 학생들의 다양한 학습 과정과 결과를 담을 수 있도록 한다. 하나의 평가 과제에서 평가 요소가 2가지인 경우 2가지 평가 요소의 평가 기준 숫자를 맞출 필요는 없다.

평가 요소 / 평가 기준	평가 요소(A)	평가 요소(B)
상(3)	A의 상에 해당하는 평가 기준	B의 도달에 해당하는 평가 기준
중(2)	A의 중에 해당하는 평가 기준	B의 미도달에 해당하는 평가 기준
하(1)	A의 하에 해당하는 평가 기준	

위 예시와 같이 평가 요소 A의 경우 평가 기준을 3가지로 분류하고, 평가 요소 B의 경우 2가지만으로 분류하는 루브릭도 가능하다. 모든 평가 요소를 같은 숫자로 만드는 것이 오히려 실제 평가 장면과 맞지 않는 인위적인 평가 결과로 연결될 수 있기 때문이다.

4. 나이스 기록을 위한 평가 기준 설정

평가 요소 / 평가 기준	분류한 자료를 표로 나타내기 (A)	표로 정리할 때 편리한 점 알기 (B)
상(3)	주제에 따른 자료를 조사하고, 이를 표로 정확하게 나타낼 수 있는 경우	표를 보고 알게 된 사실과 표로 정리하면 편리하다는 사실과 이유를 설명할 수 있는 경우
중(2)	주제에 따른 자료를 조사하고, 이를 표로 나타낼 수 있는 경우	표를 보고 알게 된 사실을 설명할 수 있는 경우
하(1)	주제에 따른 자료를 조사하고, 표현할 수 있는 경우	표를 보고 알게 된 사실을 안내에 의하여 알고 있는 경우

루브릭을 위와 같이 제작하였으면 나이스에 평가 결과를 기록하기 위한 평가 기준을 설정해야 한다. 실제 나이스 교과평가에서 학생의 수준을 입력하는 경우는 성취기준 단위 평가 계획에 의한 평가 결과를 입력하는 방식이 일반적이기 때문에 2가지 평가 요소에 대한 결과를 종합하여

평가 결과(나이스 교과평가 3~5단계)를 부여해야 한다.

물론 위 루브릭만으로 나이스 평가 결과를 부여할 수 있지만, 평가 요소 A에서는 '상', B에서는 '하'인 경우 수준을 어떻게 부여해야 하는지 애매해지는 경우가 있다. 결국 최종 평가 결과 부여는 루브릭에 의하여 나올 수 있는 여러 경우의 수들을 각 학교에서 정한 평가 단계 중 어느 부분에 나누느냐의 문제인 것이다. 위 문제의 루브릭에 의한 학생의 성취도는 9가지 경우의 수로 나올 수 있다.

3단계	상	중	하
평가 기준	(A3, B3)	(A3, B2) (A3, B1) (A2, B3) (A2, B2) (A2, B1) (A1, B3) (A1, B2)	(A1, B1)

이 9가지 경우의 수 중 어떤 교사는 (A3, B3)의 경우만 나이스에 상으로 입력할 수 있고, 또 다른 교사는 (A3, B3), (A3, B2), (A2, B3)의 경우를 상으로 입력할 수 있다. 예시와는 다르게 나이스에 평가 결과를 4단계로 입력하는 경우 다음과 같이 평가 기준을 설정할 수 있다.

3단계	매우 우수	우수	보통	노력 요함
평가 기준	(A3, B3)	(A3, B2) (A2, B3)	(A3, B1) (A2, B2) (A2, B1) (A1, B3) (A1, B2)	(A1, B1)

이와 같이 루브릭에 의하여 학생들이 나올 수 있는 경우의 수들을 상·중·하로 배치하는 기준을 선정하는 것은 결국 교사의 평가권에 해당하는 문제이다. 루브릭을 제작한 후 실제 학생들의 수행 과정과 결과를

관찰하면서 상·중·하에 대한 기준을 나누어 보는 것이 가장 합리적인
방법이다.

Core 16 TIP_ 루브릭 제작법

• 평가 요소가 1개인 성취 기준의 루브릭
성취기준을 분석한 후 평가 요소가 1가지인 경우 분석적 루브릭을 제작할 필요가 없다.
평가 요소가 1가지인 경우는 교육부에서 제작한 평가 기준표와 같이 총체적 루브릭에
의하여 학생들의 성취수준을 부여하면 된다.

예) 교육부 평가기준(총체적 루브릭)

평가기준	
상	분류한 자료를 표로 나타내고, 표를 보고 알게 된 사실과 표로 나타내면 편리한 점을 말할 수 있다.
중	분류한 자료를 표로 나타내고, 표를 보고 알게 된 사실을 말할 수 있다.
하	분류한 자료를 표로 나타낼 수 있다.

Q. 성취기준에 태도가 없지만, 평가 과정에서 태도를 보고싶은데 루브릭에 포함해야 하나요?
A. 수행평가의 경우 성취 기준에서 태도 요소는 없지만 태도를 확인할 수 있는 장면이 많기 때문에 루브릭에 태도까지 포함하여 평가하는 경우가 많다. 루브릭에 태도를 포함하는 것은 상관 없지만, 최종 성취기준 부여 장면에서 태도까지 합산하여 수준을 부여하는 것은 고민해야 할 문제이다. 태도까지 합산할 경우 순수 성취기준은 미도달하였지만 태도 점수가 좋아 평가 결과가 '중' 이상으로 되는 경우가 생길 수 있기 때문이다. 이와 같은 사항을 방지하려면 태도도 수행 장면에서 평가하되, 태도에 대한 평가는 성취기준과 관련된 인지적 요소와 별개로 평가하고, 이에 대한 기록은 교과 세부능력 및 특기사항에 기록할 수 있도록 한다.

성장을 위한 피드백의 조건과 전략

최근 평가의 패러다임은 발달적 평가관에 의하여 학생의 성장과 발달이 평가를 하는 주요한 목적으로 여겨지고 있다. 평가를 통한 학생의 성장과 발달은 결국 피드백 과정이 핵심이다. 피드백을 효율적으로 하여 학생의 성장과 발달을 돕는 평가가 될 수 있는 방안에 대하여 살펴보도록 하겠다.

성장을 위한 피드백의 6가지 조건

1. 피드백의 골든타임, 수업

피드백은 최대한 평가 장면과 가까운 시간 안에 이루어져야 한다. 모든 병은 치료를 위한 골든타임이 있으며, 이 골든타임을 넘겨 버리면 치료가 어려워지거나 불가능해질 수 있다. 교수·학습 상황도 마찬가지이다. 학생의 학습 결손에 대한 진단과 처방은 최대한 그와 관련된 학습 상황에서 즉시 이루어져야 학생의 성장과 발달을 도울 수 있다.

수업 중 평가가 함께 이루어지는 과정중심평가에서는 피드백도 수업 중 함께 이루어지는 것이 효율적이다. 이를 위하여 수업 계획 단계부터 평가 활동에 따른 학생 수준별 피드백 활동을 설계하여 수업 중 피드백이 이루어질 수 있도록 한다.

2. 맞춤형 피드백

피드백은 학생의 성취수준별 맞춤형으로 제공되어야 한다. 예를 들어 축구에 대한 수행평가를 할 경우 축구에 대한 경기 능력 중 드리블이 부족한지, 공을 차는 능력이 부족한지 세부적으로 진단하여 그에 따른 맞춤형 피드백을 제공해야 학생의 성장과 발달이 극대화될 수 있다.

또한 학생 수준별 맞춤형 피드백을 제공하는 것도 필요하다. 흔히 피드백은 성취수준이 낮거나 부진아를 대상으로 하는 것으로 잘못 알고 있는 경우가 많다. 물론 부진아나 성취기준을 도달하지 못하는 학생들에게 중점적인 피드백이 이루어져야 하는 것은 사실이나, 중위 수준의 학생과 상위 수준의 학생에 대한 피드백도 함께 이루어져야 한다. 중위 수준의 학생의 경우 상위 수준으로의 도약을 위한 도전학습 등을 제공하고, 상위 수준의 학생은 성취기준과 관련된 시사 자료, 생활 속 활용, 심화활동 등의 기회를 주는 피드백을 제공하여 모든 학생들에게 성장과 발달이 일어날 수 있는 기회를 제공해야 한다.

다음 예시의 수업에서 피드백의 골든타임과 맞춤형 피드백을 제공하는 장면을 확인할 수 있다. 토론 수업에서 토론 장면에 대한 학생 간 동료평가와 교사의 관찰평가에 의하여 토론 시 필요한 세부 요소별로 학생들을 진단하여 피드백 활동으로 수업 중 학생의 부족한 부분을 바로 보완해 주어 성장과 발달을 돕는 효과를 기대할 수 있다.

성취기준	절차와 규칙을 지키고 근거를 제시하며 토론한다.	
	수업 활동	평가 활동
활동1	• 토론 동영상을 보며, 토론의 규칙과 절차 알아보기 • 우리 모둠에서 정한 토론의 규칙과 절차 발표하기 • 토론의 규칙과 절차 함께 약속하기	
활동2	• 모둠별 찬반 토론하기 • 모둠별 찬반 토론 후 토론 체크리스트에 의하여 학생 간 동료평가 실시	동료평가 및 교사 관찰평가
활동3 피드백	• 토론 코너별 활동하기 • 주장 말하기 코너 활동하기 • 근거 제시 코너 활동하기 • 논리적으로 자신감 있게 말하는 코너 활동하기	피드백 활동

3. 피드백 주체의 다양화

최근의 수업은 모둠 학생들 간 공동 수행과제를 통한 문제해결 과정이 많아지고 있다. 모둠 간 공동 수행 과정에서 모둠 학생끼리 서로의 학습 상황이나 특성을 쉽게 파악할 수 있다. 이러한 모둠 학습의 특성을 활용하여 학생 간 상호 피드백을 줄 수 있는 훈련을 하면 피드백의 효과가 배가 될 수 있다. 다음 예시 장면에서 학생 간 피드백의 효과를 확인할 수 있다.

A학생 : 지은아 너는 덧셈할 때 앞에 숫자부터 더해서 잘못 계산하는 것 같아. 내가 덧셈하는 것 잘 봐! 뒤에 숫자끼리 줄을 맞추고 더하면 틀리지 않을 거야!

수업에서 교사가 모든 학생의 학습 장면을 구체적으로 파악하는 것은 물리적으로 어려움이 있을 수 있기 때문에 짝 점검 활동을 통한 상보적 교수법을 활용하면 효율적인 피드백이 이루어질 수 있다.

4. 마음에 대한 피드백도 함께

인지적 측면뿐만 아니라 정의적 측면에 대한 피드백도 함께 실시해야 한다. 학습 성공과 실패의 원인에 인지적 요인뿐만 아니라 정의적 요인도 함께 작용하기 때문에 교사는 성취기준에 대한 인지적인 관점에서의 피드백만 제공하는 것이 아니라 학생의 정의적 측면에 대한 피드백도 함께 제공해야 한다. 과정중심평가에서 평가는 수업 속 활동 장면에서 주로 일어나기 때문에 활동 과정에서의 흥미도, 과제 집중력, 태도 등에 대한 정의적 영역에 대한 피드백도 함께 제공해야 한다.

하위 수준의 학생들에게는 학습에 대한 자신감을 불러일으킬 수 있도록 작은 성공 경험에도 피드백을 해 줄 수 있어야 하며, 상위 수준 학생의 경우 모둠원들의 학습을 도와주는 활동을 하는 경우 이에 대한 공헌도를 타 학생들에게 언급해 주면 정의적 학습 효과가 높아질 수 있다.

5. 피드백도 과정 중심

평가 결과에 대한 피드백뿐만 아닌 평가 과정에 대한 피드백을 함께 제공해야 한다. 흔히 평가를 하고 평가 결과에 대한 점수나 매우 우수, 잘함, 보통 등 성취수준만을 제공하는 결과 중심의 피드백이 일반적인 피드백 방법이었다. 그러나 이러한 결과에 대한 피드백은 자신이 무엇이 부족하였고, 어떠한 과정 때문에 결과가 부족하게 나왔는지 알기 어렵다. 또한 부진한 학생에게는 결과보다는 과정에 대한 피드백이 학생의 성장과 발달을 위하여 필요한 사항이기 때문에 평가 과정에서 구체적으로 보완할 사항이 무엇인지에 대한 언급이 필요하다.

결과뿐만이 아닌 과정에 대한 피드백도 함께 이루어지는 경우 학생 개개인의 학습 성향, 학습 수준, 부족한 부분 등에 대하여 구체적으로 확인할 수 있고, 이에 따른 성장과 발달이 일어날 수 있다.

6. 구체적인 피드백

피드백의 내용은 학생의 성장을 위한 구체적 정보를 제공해야 한다. 학생 수준별로 지금의 단계보다 한 단계 도약할 수 있는 학습 내용 및 학생의 성향에 맞는 학습 방법을 구체적으로 제시해 주어야 한다. 초등학생, 특히 저학년의 경우 구체적인 피드백이 제공되어야 성장과 발달이 일어날 수 있다. 또한 어떠한 점이 다른 친구들보다 우수했고, 이러한 점들을 더 발전시켜야 한다는 등 강점에 대한 피드백도 함께 이루어져야 한다.

피드백 실천을 위한 5가지 전략

1. 구두 언어 피드백

구두 언어 피드백은 수업 중 할 수 있는 가장 일반적인 피드백 방법이다. 교사가 학생을 진단하고, 성취수준의 도약을 위한 구체적인 학습 정보를 구두로 즉각 제시하는 방법을 의미한다. 교사는 수업 중 학생들의 학습을 관찰하고 구두로 피드백을 제공할 수 있다.

또한 또래 학습 도우미를 지정하여 학생 상호간 구두 언어 피드백이 수시로 일어날 수 있도록 할 수 있다.

2. 루브릭 활용 피드백

루브릭 활용 피드백은 수행평가가 이루어지는 수업에서 수행평가 채점 기준안을 학생들에게 함께 제공하여 자신의 학습 결과를 구체적 평가 기준에 의하여 점검하고, 자신이 부족한 부분을 스스로 보완할 수 있도록 하는 피드백 방법이다.

성취기준 "자신의 생각이나 겪은 일을 시나 노래, 이야기 등으로 표현한다."의 수업을 예로 들면, 학생이 자신의 학습 결과물을 다음의 채점 기준표를 활용하여 점검하고, 채점 기준표에 제시되어 있는 내용으로 스스로 보완하도록 이끌 수 있다.

평가 요소 / 평가 기준	겪은 일을 나타내기	시로 표현하기
매우 잘함	자신이 겪은 일을 실감 나게 나타낸 경우	적당한 의미 단위로 행 구분하기, 반복되는 말이나 흉내 내는 말, 꾸며 주는 말 등의 다양한 표현 방법을 매우 적절하게 사용하여 효과적으로 시로 표현한 경우
잘함	자신이 겪은 일이 대체로 잘 드러난 경우	적당한 의미 단위로 행 구분하기, 반복되는 말이나 흉내 내는 말, 꾸며 주는 말 등의 다양한 표현 방법을 사용하여 쓰려고 했으나 표현의 효과가 약간 아쉬운 경우
보통	자신이 겪은 일을 떠올려 시로 나타내었으나 약간의 경험만 드러난 경우	적당한 의미 단위로 행 구분하기, 반복되는 말이나 흉내 내는 말, 꾸며 주는 말 등의 표현 방법 중 일부만을 사용하여 표현한 경우
노력 요함	자신이 겪은 일이 거의 드러나지 않은 경우	시로 표현하는 방법을 거의 사용하지 않고 쓴 경우

3. 스캐폴딩, 모델링, 코칭

비고츠키의 사회적 구성주의에 영향을 받은 인지적 도제 이론에서는 스캐폴딩(scaffolding), 모델링(modeling), 코칭(coaching) 등의 방법을 활용하여 처음 수준에서 잠재적 발달 수준으로 학생들을 성장시킬 수 있다고 하였다. 즉, 근접발달영역 안에서 학생의 원래 수준에서 교사의 도움으로 성장과 발달이 충분히 일어날 수 있으며, 이때 교사의 도움이 바로 피드백이라 할 수 있다.

실제 수학 교과 영역 중 수와 연산의 경우 스캐폴딩의 기법이 효과적인 피드백 방법으로 활용될 수 있으며, 체육 교과의 경우 모델링이 학생의 성장과 발달을 위한 최고의 피드백이 될 수 있다.

4. 피드백 자료 제작을 통한 피드백

피드백은 해당 학습 장면이 일어나는 그 즉시 일어나야 효과가 배가 된다. 하지만 교사 한 명이 모든 학생을 바로 피드백하는 것이 현실적으로 어렵기 때문에 학생들이 학습 곤란도를 겪는 주요한 학습 요소를 미리 파악한 후 피드백 자료를 제작하여, 수업 중 학습 곤란을 겪는 지점에서 피드백 교구로 활용할 수 있다.

다음 예시 자료와 같이 피드백 자료를 카드 형태도 제공하여 도움말을 보면서 문제 장면을 해결할 수 있도록 피드백할 수도 있다. 또한 수학 교과의 경우 해당 차시 관련 선수학습 결손으로 인하여 문제해결에 어려움을 겪는 학생들도 있기 때문에 예시와 같은 피드백 자료를 제작하여 활용하면 기초학습 부진 학생 예방에도 효과를 거둘 수 있다. 이와 같은 피드백 자료의 경우 모둠 학생 중 상위 수준의 학생과 함께 피드백 자료를 보면서 같이 학습할 경우 효과적인 피드백이 될 수 있다.

5. 총평 활용 피드백

글쓰기, 미술 작품 및 창작물과 같은 유형의 산출물을 제작하는 평가에서 학습 결과에 대한 비평과 댓글 형식으로 피드백을 제공할 수 있다.

비평을 활용한 피드백은 학생들의 학습 결과에 대한 교사, 동료의 질적 피드백을 제공할 수 있으며, 피드백을 통하여 자신의 부족한 점, 우수한 점을 다양하게 피드백 받을 수 있다는 장점이 있다.

비평을 활용한 피드백은 다음 예시와 같이 교실에서 서로의 작품에 대하여 댓글 형식의 피드백을 제공하는 형태로 할 수 있고, 온라인을 활용하여 작품을 개인 SNS에 게시하고, 친구들이 해당 작품에 실시간 댓글을 제공하는 형식으로 피드백을 할 수 있다.

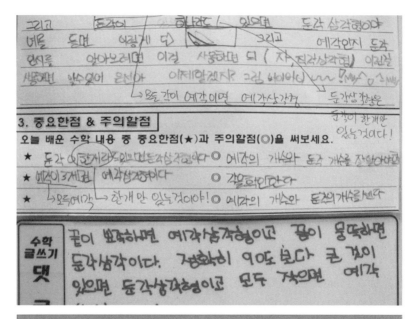

3. 중요한점 & 주의할점

오늘 배운 수학 내용 중 중요한점(★)과 주의할점(◎)을 써보세요.

★ 둔각 예각세라 있으면 둔각삼각형이다 ◎ 예각의 개수와 둔각 개수를 잘알아야해

★ 예각이 3세개 예각삼각형이다 ◎ 각을확인한다

★ 둔각예각 한개 만 있느것이야! ◎ 예각의 개수와 둔각의 개수를 센다

수학
글쓰기
댓
글

끝이 뾰족하면 예각삼각형이고 끝이 뭉뚝하면
둔각삼각이다. 정확히 90도 보다 큰 것이
있으면 둔각삼각형이고 모두 작으면 예각

Core 17 TIP_ 어떤 피드백이 옳은 피드백일까?

• 다음 3가지 피드백 중 올바른 피드백과 잘못된 피드백을 고르시오.

• 피드백 1
재활용 쓰레기를 분리 배출해야 한다는 주장을 뒷받침할 수 있는 상세한 근거를 잘 제시하였다. 어디서 이렇게 다양한 자료를 수집하였니?

• 피드백 2
글의 길이도 학생들 중에서 가장 짧았네. 내용도 조금 부족한 것을 보니 다음부터는 더 노력을 하렴.

• 피드백 3
우리반 친구들 중에서 네가 쓴 글이 제일 좋구나.
상으로 급식 빨리 먹기 티켓을 주겠습니다.

• 올바른 피드백과 잘못된 피드백에 대한 결과

• 피드백 1
학생의 수행을 성취기준과 관련 지어 언급하였으며, 다양한 자료를 수집한 노력을 칭찬함으로써 다음 학습에도 노력할 수 있도록 내적 동기를 부여하는 좋은 피드백에 해당된다.

• 피드백 2
성취기준 및 평가 요소에 근거한 피드백이 아닌 타 학생과 비교하는 피드백을 한 것이 잘못되었다. 또한 학생이 어떤 부분을 개선해야 상위 수준으로 도약할 수 있는지에 대한 정보 제공이 없으며, 학생의 내적 동기를 저하시키는 피드백을 하였다. 노력이 부족하다는 진단보다는 구체적으로 어떠한 방식으로 노력해야 하는지에 대한 정보를 줄 수 있는 피드백을 제공해야 한다.

• 피드백 3
자신의 학습 중 어떤 부분이 우수했는지에 대한 정보를 알 수 없는 피드백을 제공하였다. 급식 티켓과 같은 외적 동기를 제공하는 경우 학습에 대한 내적 동기를 저하시킬 수 있다.

(출처 : 한국교육학술정보원(2015). 꿈과 끼를 키우는 학생평가에서 인용)

진정한 소통을 위한 기록과 가정통지

교사의 교육과정 문해력에 의하여 교육과정 문서를 해석하고 설계하여, 학생의 배움이 일어나는 수업과 과정중심평가를 한 최종 산출 결과는 학생의 학습 결과에 대한 기록과 이를 가정과 공유하는 가정통지이다. 이를 위해 기록과 가정통지는 교사의 교육활동에 의한 학생의 성장을 한눈에 보여줄 수 있는 역할을 할 수 있어야 한다.

티끌 모아 학생의 성장을 보여주는 기록

성취기준을 중심으로 수업이 이루어지는 과정에서 학생들의 성장과 발달 장면을 평가하는 과정중심평가는 학생들의 배움 과정을 수시로 확인해 볼 수 있는 시스템을 갖고 있다. 따라서 수시로 이루어지는 학생들의 학습 결과를 효율적으로 기록할 수 있는 방안이 필요하다.

• 체크리스트를 활용한 기록

평가 결과를 기록할 수 있는 가장 기본적인 방법으로 평가 기록지를 활용하는 것이다. 사전에 수립한 평가 계획에 의하여 평가가 이루어지는 수업에서 평가 기록지를 활용하여 학생들의 학습 상황을 관찰하고 기록할 수 있다. 이러한 누가 기록이 이루어지지 않을 경우 학기 말에 평가 결과를 몰아서 입력해야 하기 때문에 학생들의 의미 있는 학습 장면들을 기록으로 남기기 어려워질 수 있다.

교과	평가 일시	평가 주제	평가 방법
수학	( )월/( )일	신문 기사 읽고 주제 만들기	토의·토론

성취기준	[6국02-03] 글을 읽고 글쓴이가 말하고자 하는 주장이나 주제를 파악한다.

번호	학생명	평가 결과			피드백 및 비고
		1차	2차	3차	
1	김○○	△	○	○	
2	안○○	×	×	△	기사에 대한 주제 파악이 어려워, 신문 기사에 중요한 부분을 함께 밑줄쳐 보는 활동을 함.
3	박○○	◎			
4	전○○	○	◎		

※ 평가 결과 : 우수-◎, 보통-○, 노력 요함-△, 성취기준 미도달-×

• 포트폴리오가 기록으로 남을 수 있도록

학생 개인별·교과별 학습 노트를 만들어서 주요 성취기준과 관련된 학습 내용을 기록할 수 있다. 이와 같은 학습 결과 누계 포트폴리오를 통하여 학생들의 교과 영역별 발달 상황을 쉽게 파악할 수 있으며, 학생의 세부적인 특성을 세밀하게 기록할 수 있는 근거 자료로 활용할 수 있다.

 다음 사진과 같은 포트폴리오가 기록의 대상이 되기 위해서는 각 교과 성취기준에 대한 도달도를 확인할 수 있는 교과별 학습 정리 기록법 등에 대한 교사의 연구가 필요하다.

• 스마트폰 및 영상 장비 활용 기록

스마트폰을 활용하여 기록의 가치가 있는 평가 장면 및 학습 결과물을 간편하게 기록할 수 있다. 음악이나 체육, 미술 교과에서 학생들의 구체적 실기 장면, 사회나 국어, 도덕 교과의 토의·토론 장면, 조사 발표 학습에서 학생들의 발표 장면을 사진이나 동영상으로 촬영하여 기록할 수 있다.

또한 메모앱 등을 활용하여 학생의 의미 있는 성장과 발달 장면을 즉석에서 빠르게 기록으로 남길 수 있다. 스마트폰에 의하여 기록된 학생들의 작품 사진이나 발표, 토의하는 장면에 대한 동영상 자료는 학급 SNS와 연계하여 학부모와 간편하게 소통하고 통지할 수 있는 장점이 있다.

소통을 위한 창구, 가정통지

가정통지 방식은 학교마다 다르다. 어떤 학교는 평가 때마다 평가 결과를 수시로 가정에 통지하는 하는 반면, 한 학기의 평가 결과를 모아 학기 말에 가정통지표로 배부하는 학교도 있다.

요즘 학부모들은 학생들이 학기 말에 받아오는 가정통지표에 어떤 의미를 둘까? 가정통지표의 교과별 평가 결과에서 '매우 우수'가 몇 개냐 이런 사항에만 관심이 많고, '교과별 세부능력 및 특기사항'에서는 학생들에 대한 구체적인 정보를 얻기 어렵다고 한다. 그럼 학생들의 성장과 발달이 포함되어 있고, 이를 바탕으로 학부모와 학생의 성장 이력을 보여줄 수 있는 가정통지 방안에 대하여 살펴보도록 하겠다.

• 가정통지에 포함되어야 할 내용

가정통지 양식은 특별히 정해진 것이 없기 때문에 학교마다 다양한 방식으로 이루어지고 있다. 하지만 일부 가정통지문 형식을 보면 가정통지에 필요 없는 형식적인 내용들이 제시된 경우를 적지 않게 볼 수 있다. 교과별 학생의 성취수준을 제시하는 방식으로 가정통지를 하는 경우, 비슷비슷한 유형의 내용을 '복사 + 붙이기' 형식으로 통지문에 기재하여 가정통지 본연의 목적을 수행하지 못하는 경우가 많다. 하지만 학생별로 교과마다 세부적으로 작성하는 것은 교사가 가정통지문 작성에만 매달려야 하기 때문에 현실적이지 않다.

가정통지의 역할은 학생의 학습 결과를 있는 그대로 보여줄 수 있는 역할과 피드백을 통해 학생의 성장과 발달을 이끄는 역할이 필수이다. 이를 위해 필요한 가정통지 구성 요소를 제시해 보도록 하겠다.

1. 학습 결과물이 최고의 정보를 가지고 있다.

최고의 가정통지는 평가 결과에 대한 교사의 간접적인 진술이 아닌 학생의 학습 결과물을 있는 그대로 보여주는 것이다. 학습 결과물을 그대로 가정에 공개하는 법은 간단하다. 서술형·논술형 평가와 같은 평가지를 활용한 평가 결과는 교사의 채점과 간단한 첨삭이 끝난 학생의 답안이 작성된 평가지를 가정에 그대로 공개하는 것이다. 최근 서술형·논술형 평가의 비중이 높아지면서 문항과 채점에 대한 타당도, 객관도, 신뢰도의 문제로 가정에 평가지를 공개하는 것을 꺼려 하는 경우가 많지만, 서술형·논술형 평가의 경우 교사의 백마디 말보다 학생이 직접 쓴 실제 답안 한 줄이 학부모에게 더 효과적인 학생 정보를 제공할 수 있다.

2. 피드백을 위한 가정통지 3가지 요소

Hattie(2012)는 피드백을 위한 다음 3가지 질문이 필요함을 언급하였다.

- Where am I go?
- How am I going there?
- Where to next?

위 3가지 질문은 루브릭을 활용하여 생각하면 쉽게 이해할 수 있다.
'Where am I go?'의 경우 루브릭에서 현재 학생의 성취수준을 의미한다.

평가 요소 평가 기준	겪은 일을 나타내기	시로 표현하기
잘함	자신이 겪은 일이 대체로 잘 드러난 경우 ↑ **How am I going there?**	적당한 의미 단위로 행 구분하기, 반복되는 말이나 흉내 내는 말, 꾸며 주는 말 등의 다양한 표현 방법을 사용하여 쓰려고 했으나 표현의 효과가 약간 아쉬운 경우 ↑
보통 ↑ **Where am I go?**	자신이 겪은 일을 떠올려 시로 나타내었으나 약간의 경험만 드러난 경우	**Where to next?** 적당한 의미 단위로 행 구분하기, 반복되는 말이나 흉내 내는 말, 꾸며 주는 말 등의 표현 방법 중 일부만을 사용하여 표현한 경우

'How am I going there?'는 현재 수준에서 내가 어떻게 하고 있는가를 의미하며, 실제 루브릭의 평가 요소별 해당 평가 기준의 구체적 진술에 해당된다.

'Where to next?'의 경우 현재 수준에서 다음 수준으로 성장이 일어나기 위해 다음 수준에 해당 하는 구체적 성취수준의 정보를 제공하는 것을 의미한다.

위 3가지 질문 요소를 가정통지에 포함시키는 방법은 루브릭을 활용하면 된다. 평가 도구 개발 시 함께 제작한 루브릭의 해당 부분에 학생의 현재 수준을 체크만 하면 3가지 요소가 만족된다. 따라서 교사는 학생의 평가지를 보고 학생 개인별 루브릭 표를 만들고, 해당 부분을 체크하고, 체크한 결과와 평가지를 그대로 가정에게 공개하면 위 3가지 질문 요소를 모두 포함한 가정통지를 할 수 있다.

• **가정통지, 시기에 따른 구분**

1. 수시 가정통지

평가가 이루어진 후 빠른 시일 안에 평가 결과를 가정에 통지하는 방법으로, 학생의 학교생활과 교육활동을 수시로 가정에 알리는 방법이다. 수시 가정통지를 하는 경우 평가 결과물을 가정에 공개하는 방식이 있고, 평가 결과와 함께 학교에서 자체 개발한 양식에 평가 결과를 기록하여 통지하는 방법이 있다.

평가 결과를 가정에 공개할 때 점수나 성취수준만 공개하는 것이 아닌 학생이 직접 작성한 답안이나 학습 결과물을 함께 공개해야 학생들의 성장과 발달을 공유하는 데 효과적이다. 또한 평가지 형태가 아닌 학생의 조사 발표 보고서 및 포트폴리오 산출물, 작품 등의 경우 해당 산출물을 사진으로 찍어 학급 SNS나 홈페이지에 게시하여 공개하는 방법도 있다.

이와 같은 산출물과 더불어 아래 예시와 같이 학생의 평가에 대한 평가 결과를 간단히 기록한 가정통지 양식을 자체 개발하여 평가지 및 결과물과 함께 가정에 통지할 수 있다.

성취기준	도달			미도달
	상	중	하	
체험한 일에 대한 감상이 드러나게 글을 쓴다.		√		
이렇게 공부했어요!	현장체험학습을 다녀온 후 체험학습의 여정을 모두 포함하여 감상문을 작성하였습니다. 느낀 점과 감상 부분에 대한 내용이 부족하여 자신의 생각이 드러나는 글을 쓸 수 있도록 가정에서도 연계 지도 부탁 드립니다.			

위와 같이 수시 가정통지를 할 경우 학부모가 자녀의 학교생활과 학습 태도, 교육활동에 대해 자세히 알 수 있고, 나아가 구체적으로 격려와 지원을 해 줄 수 있어 가정 연계 지도가 효율적으로 일어날 수 있다. 하지만 평가 결과를 수시 가정통지해야 하는 교사의 부담이 있을 수 있기 때문에 형식적인 긴 문장 제시 형태의 가정통지 방식은 지양해야 한다.

2. 시기 고정형 가정통지

시기를 정하여 평가 결과를 가정에 통지하는 방식으로, 월별·분기별·학기 말로 일정 시기에 평가 결과를 종합하여 가정에 통지하는 방식이다. 이와 같이 가정통지를 하는 경우는 해당 기간 안에 실시되는 평가 결과를 종합한 가정통지 양식이 필요하다.

예시 자료와 같이 시기 고정형 가정통지는 다양한 교과에 대한 평가

정보가 포함되어 있으며, 해당 평가 장면과 관련된 핵심역량에 대한 교사의 의견, 자신의 평가 결과에 대한 학생의 반성, 부모님의 말씀 내용을 포함할 수 있다. 또한 과정중심평가의 특징에 맞게 1가지 평가 장면에 대한 성취수준의 변화를 모두 포함하여 가정에 공개할 수 있으며, 미도달 학생과 '하' 수준 학생의 경우 피드백에 의한 보정 지도 내용을 함께 기록할 수 있다.

교과	성취기준	평가 내용	도달			비고
			1차	2차	3차	
실과	프로그래밍 도구를 사용하여 기초적인 프로그래밍 과정을 체험한다.	기초적인 프로그래밍을 체험하여 여행 홍보 동영상을 만들 수 있는가?(작품 평가)	중	상		체험한 일에 대한 글쓰기 방법을 교과서로 다시 지도함.
국어	체험한 일에 대한 감상이 드러나게 글을 쓴다.	체험한 일에 대한 감상이 드러나는 글을 쓸 수 있는가?(관찰, 서술형 평가)	하	중	상	미도달 학생의 보정 지도 기록
영어	알파벳 대소문자와 문장 부호를 문장에서 바르게 사용할 수 있다.	'Dong-gu English map' 만들기(서술형 평가)	중	중	상	

3월 평가에서 나타난 ○○이의 핵심역량	
의사소통 역량	'우리 지역 명품 찾기' 체험활동으로 보고 듣고 느낀 경험을 표현하고 이해하는 견문과 감상이 드러나는 글을 쓰는 활동을 통해서 다른 사람과 문자 언어로 의사소통하는 능력이 향상되었습니다.
공동체 역량	여행 홍보 동영상을 만드는 과정에서 모둠원과 다양한 의견을 주고받으며, 협동하는 모습에서 공동체 역량이 향상되었습니다.

나의 배움 되돌아보기	가정에서도 함께 지도해 주세요!
• 아쉬운 점(학습면 / 생활 태도면) • 나의 다짐(구체적으로 서술)	

(자료 출처 : 2018 경기도교육청 성장중심평가 길라잡이)

· 가정통지에 꼭 필요한 것

- · 학생의 실제 학습 결과물(서술형·논술형 평가의 답안 작성 실제 평가지 및 작품, 보고서 등)
- · 현재 학생의 성취수준(교과 평가기준에 의한 3~5단계)
- · 성취수준에 대한 구체적인 정보
- ☞교사가 학생 개인의 구체적 수준을 글로 작성하는 것이 아닌 채점 기준표에서 학생 수준에 해당하는 칸에 체크하여 가정에 제공
- · 상위 수준으로 도약하기 위한 정보
- ☞현재 수준에 해당하는 채점 기준표의 바로 윗 단계 수준에 대한 구체적 성취수준 안내(채점 기준표 활용)

· 가정통지에 넣어야 하는지 고민이 필요한 것

- · 성취기준별 평가 결과를 교사가 문장으로 진술하는 것
- ☞학생에 대한 학습 정보가 아닌 결과 통지를 위한 문서상 형식이 되어 버릴 우려가 있음.
- ☞학기 말 나이스에 의한 가정통지문의 교과별 세부능력 및 특기사항에 교과별 문장 형식으로 제시하기 때문에 업무 중복이 됨.

· 가정통지 1

– 학생의 답안이 작성된 평가지

☞학부모들이 궁금해 하는 정보인 실제 학생의 학습 결과물과 이에 대한 채점 결과 및 학생 수준과 상위 수준 도약을 위한 피드백 정보가 제시되어 있으며, 교사는 모든 학생의 동일 가정통지 양식에 학생의 수준에 따른 체크만 하면 되도록 개발되어 정보 제공과 업무 효율성을 모두 고려한 가정통지 양식이다.

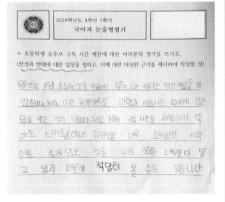

• 가정통지 2 - 평가 결과

배움성장알리미

◎ **성취기준 및 평가요소**

성취기준	[4국03-03] 관심 있는 주제에 대해 자신의 의견이 드러나게 글을 쓴다.
평가요소	주장과 근거가 드러나는 글쓰기

◎ **평가기준**

	글의 논리성	근거의 타당성
상	찬성과 반대에 대한 명확한 입장을 제시하였으며, 주장과 근거가 논리적으로 연결되어 글을 작성하고, 다양한 사례를 통하여 논리적으로 설명한 경우	주장 및 문제 상황과 적합한 근거를 제시하여 글을 쓴 경우
중	찬성과 반대에 대한 입장을 제시하였으며, 이에 대한 근거를 제시하여 글을 쓴 경우	주장에 대한 근거를 제시하여 글을 쓴 경우
하	찬성과 반대에 대한 의견이 모호하여 교사의 도움으로 자신의 입장을 정한 글을 쓴 경우	주장에 대한 근거를 제시하지 못하여서 친구들의 글을 공유하면서 자신의 주장에 대한 근거를 제시한 경우

◎ **성취수준**

매우우수	우수	보통	노력요함

◎ **나의 생각 반성 및 더 키우기**

글을 쓸 때 먼저 찬성과 반대에 대한 나의 입장을 정하고, 나의 주장을 뒷받침할 수 있는 다양한 근거들을 생각하며 글을 쓰겠습니다.

학부모 확인

☞ 평가기준표에 해당 학생의 수준을 체크하고 가정통지한다.

· 교육과정 문해력 Core 19 ·

과정중심평가

교육과정 문해력은 교육과정 문서를 읽고 해석하여 교육과정을 설계하고 수업과 평가를 실천할 수 있는 능력이다. 이러한 교육과정 문해력의 정의에 의하여 다음 교육과정 총론에 제시된 문구를 해석하고, 실제 수업과 평가 장면에 실천할 수 있어야 한다.

2015 개정 교육과정 총론
  2. 교육과정 구성의 중점
    라. 학습의 과정을 중시하는 평가를 강화하여……

총론에 제시된 교육과정 구성의 중점 "라" 항목은 바로 과정중심평가를 강화한다는 것을 의미한다. 교육과정 문서에 있는 많은 단어들은 각자 의미를 지니고 있고, 교육과정-수업-평가에 영향을 미치지만 총론의

"과정을 중시하는 평가를 강화한다"는 문구는 과정중심평가라는 교육과정, 수업, 평가 전반에 큰 영향을 미치는 중요한 문구이기 때문에, 이에 대한 바른 이해와 실천 역량이 필요하다. 즉, 교육과정 문서 해석과 이를 반영한 실천이라는 교육과정 문해력 관점에서 과정중심평가는 엄청난 영역을 차지하는 요소이다.

교육과정-수업-평가-기록의 일체화

교육과정-수업-평가-기록 일체화는 교육과정 문해력과 달걀-닭의 관계이다. 교육과정-수업-평가-기록 일체화를 실천하는 교사는 교육과정 문서를 읽고 바르게 해석할 수 있어야 하며, 성취기준을 중심으로 교육과정을 재구성하고, 이를 바탕으로 수업과 평가를 할 수 있는 교사이다. 이러한 일련의 과정을 실천하면서 교사의 교육과정 문해력은 자연스럽게 신장되는 것이기에 교육과정-수업-평가-기록 일체화는 교사의 교육과정 문해력을 위한 중요한 요소라 할 수 있다.

　반대로 교육과정 문해력이 높은 교사는 교육과정 문서의 의미를 제대로 이해하고, 교육과정 문서를 반영한 교육과정을 설계한다. 또한 성취기준에서 가르쳐야 할 것과 평가해야 할 것을 정확히 파악하고, 이를 수업과 평가에서 실천해 낸다. 결국 이러한 과정의 결과물이 교육과정-수업-평가-기록의 일체화이다.

이와 같이 교육과정-수업-평가-기록의 일체화는 교사에게 교육과정 문해력이라는 선물을 안겨 줄 수 있고, 교육과정 문해력은 교육과정-수업-평가-기록 일체화를 통해 학생들에게 삶과 연계된 배움이라는 선물을 안겨 줄 수 있다.

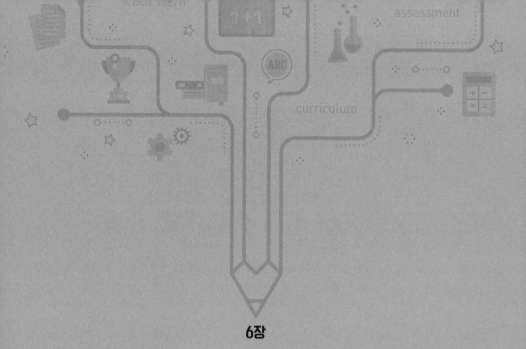

6장

교육과정으로 그리는
미래교육 빅픽처

미래교육의 교육과정-수업-평가-기록

미래교육은 학생들에게 역량을 키울 수 있는 교육이어야 한다. 이를 위한 과정으로 성취기준 단위 수업 설계에서부터 백워드 설계, 과정중심평가, 배움중심수업, 교육과정-수업-평가-기록 일체화의 개념이 모두 통합된 일련의 과정을 다음의 그림으로 표현해 보았다.

미래교육의 과정 STEP 1 - 성취기준 단위 역량을 키우는 교육

역량은 성취기준이라는 작은 단위의 학습 요소들이 모여서 만들어진다. 성취기준의 구성 요소인 지식, 기능, 가치·태도를 실제적 맥락에서 수행으로 드러낼 수 있는 내용들로 수업 내용이 선정·조직되는 것이 역량을 키우는 교육의 핵심이자 출발점이다.

미래교육의 과정 STEP 2 - 백워드 설계

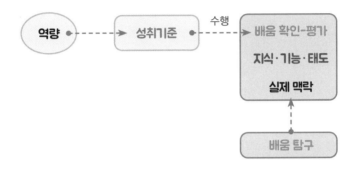

성취기준의 구성 요소인 지식, 기능, 가치·태도를 실제적 맥락에서 수행으로 드러내는 활동은 결국 성취기준에 대한 배움을 확인하는 활동이다. 이는 곧 평가 활동으로 볼 수 있다. 따라서 평가 활동인 배움을 확인하는 활동 전에 배움의 기초를 닦는 배움을 탐구하는 활동이 필요하다. 이 과정은 성취기준을 기준으로 평가 활동을 먼저 선정하고, 이를 위한 수업 내용을 선정·조직하는 백워드 설계와 연결된다.

미래교육의 과정 STEP 3 - 과정중심평가

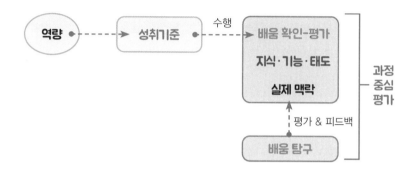

　성취기준을 중심으로 배움을 확인하는 활동은 실제적 맥락이나 배움 탐구 활동과는 다른 맥락에 지식·기능·태도를 수행으로 드러내는 활동이다. 이 활동 도입 전에 배움 탐구 활동에서 학습한 지식과 기능이 학생들에게 제대로 형성되었는지 점검하고 피드백해 주는 절차가 필요하다. 이 과정을 통해서 역량을 구성하고 있는 기초를 확실하게 다진 후 실제 맥락에서 수행으로 표출해 낸다. 중간 과정에서 점검하고 피드백하고 실제 맥락에서 수행으로 표출하는 이 과정이 바로 과정중심평가의 핵심 원리이다.

미래교육의 과정 STEP 4 - 배움중심수업

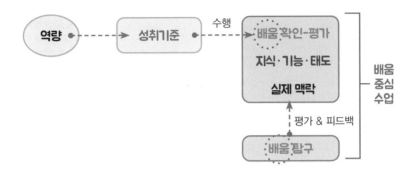

성취기준에 대한 지식·기능·태도를 점검하고 피드백하며, 실제 맥락
에서 수행으로 드러낸 결과 학생들에게 형성되는 것은 결국 배움이다.
배움을 탐구하고 중간에 점검하고 피드백하여 실제 생활에서 앎을 실천
할 수 있도록 하는 것은 결국 학생들에게 배움이 일어나게 하는 수업의
일련의 과정이다. 이와 같이 배움을 탐구하고 확인하는 활동을 묶어 배
움중심수업으로 볼 수 있다.

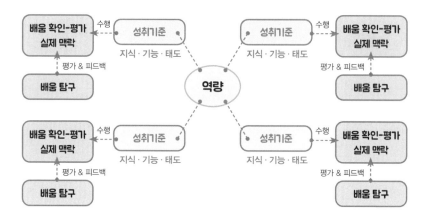

미래교육의 과정 STEP 5 - 역량 기반 교육과정

앞의 STEP 1~4의 과정중심평가, 배움중심수업, 백워드 설계의 절차들이 모든 성취기준에 적용되어 수업과 평가가 이루어질 경우 위 표와 같은 교육과정이 만들어진다. 성취기준 단위로 배움을 탐구하고 확인하는 활동들이 모여서 역량이 만들어지는 역량 기반 교육과정이 되는 것이다.

미래교육의 과정 STEP 6 - 교육과정-수업-평가-기록 일체화

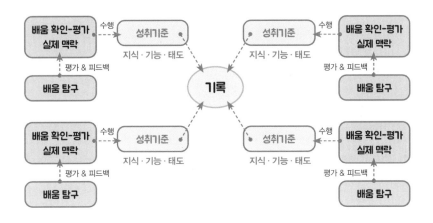

　이 표에서 성취기준에 대한 배움을 확인하는 활동은 '평가'이며, 배움을 확인하고 탐구하는 활동을 통칭하여 '수업'으로 볼 수 있다. 결국 성취기준을 매개체로 수업과 평가가 일체화된 것을 확인할 수 있다. 성취기준이라는 교육과정 내용들이 수업과 평가에서 배움을 탐구하고 확인하는 활동들로 구현되어 교육과정이 수업과 평가에 그대로 구현되고 있다. 이와 같이 성취기준을 매개체로 수업과 평가가 하나로 묶여서 교육과정-수업-평가가 일체화된 상태가 되는 것이다.

　STEP 5 역량 기반 교육과정에서 화살표 방향을 바꾸어 봄으로써 교육과정-수업-평가에 기록까지 일체화되는 것을 확인할 수 있다. 성취기준 단위로 지식·기능·태도를 실제 맥락에서 수행으로 드러내었던 활동들이 모여서 기록으로 연결되는 것이다. 이 기록은 수업과 평가 장면에서 성취기준을 구성하고 있는 지식·기능·태도와 수행 장면들로 구성된다. 결국 성취기준을 중심으로 수업과 평가 장면에서 형성된 배움이 기록으로 연결됨으로써 교육과정-수업-평가-기록이 일체화되는 것이다.

교육과정 문해력 이전에 교육과정 전달력이다

교육과정 문해력은 교육과정 문서를 읽고 해석하여, 교육과정 재구성과 배움중심수업, 과정중심평가를 실행하는 교육과정 상용 능력이다.

그럼 왜 교사에게 교육과정 문해력이 필요한가? 결국 최종 목적지는 우리 학생들을 미래 사회에 필요한 인재로 키우기 위한 '학생 중심 교육'을 위해서이다. 학생 중심 교육을 위해서 교사는 교육과정 문해력을 갖추어야 하는 것이다.

하지만 학생 중심 교육이라는 큰 틀에서 봤을 때 교사가 교육과정 문해력을 갖추어야 한다는 말은 학생 중심 교육의 책임을 교사 요인에만 한정 지어서 생각한 관점으로 볼 수 있다.

다음 학생 중심 교육이 실현되기까지의 절차를 도식화한 [표 6-1]을 보면 교사가 교육과정 문서와 각종 교육정책들을 해석하고 실행하는 문해력 단계 이전에 교육과정 문서와 교육정책들이 만들어진다. 이 문서와 교육과정 관련 정책들이 교사가 해석하고 실천하기에 흠잡을 데 없이 완벽하게 만들어진 것인가에 대한 관점도 생각해 보아야 한다.

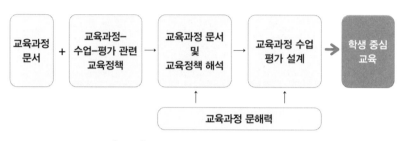

[표 6-1] 학생 중심 교육이 이루어지는 절차

신규 교사 대상 연수를 진행해 보면 대부분 성취기준들을 통으로 암기하고 있었고, 성취기준별 수업 활동들이 입에서 술술 나왔다. 신규 교사들이 아닌 중견 교사들은 현장의 수많은 실천 교육 경험을 갖추고 있다. 이러한 지적 능력과 교육학적 배경, 경험을 갖추고 있는 실천 교육의 전문가들이 문서나 정책을 해석하고 실천하는 데 어려움이 있다는 것은 교육과정 문해력만의 문제가 아닐 수도 있다.

교육과정 문서나 정책 생산자들인 교육학자나 교육행정가들이 일반적인 교사가 이해할 수 있는 수준의 명확한 용어나 예시를 사용하여 교육과정 문서나 정책을 생산하고 있는지, 즉 교육학자나 교육행정가들의 '교육과정 전달력'에 대한 문제도 따져 보아야 한다.

교육과정 정책들을 보면 교육에 대한 이상적인 단어를 총집합해서 만든 정책, 명확하지 않으면 철학이라는 단어로 둘러대는 습성, 외국의 교육 용어들을 그대로 번역해 와 제시한 경우도 어렵지 않게 확인할 수 있다. 이러한 용어들을 일반 교사들이 쉽게 이해하고 실천할 수 있도록 명확하게 제시하지 못한다면 해당 용어를 생산하는 사람들조차 실천을 위한 명확한 개념이 정립되었는가에 대한 의심이 필요하다. 또한 이렇듯 명확하지 않은 용어들로 만들어진 정책을 이상적인 실천 사례들로 사례집을 만들어 놓고 현장의 교사들에게 이에 대한 실천을 강조하는 경우는 없는지에 대한 반성도 필요하다.

물론 교사는 학생 중심 교육을 위해 교육과정 문서와 각종 교육정책을 해석하고, 이를 교육과정-수업-평가에 반영할 수 있는 능력인 교육과정 문해력을 갖추어야 한다. 실제 많은 교사들이 교육과정 문해력을 갖추기 위해서 노력하고 있다. 하지만 교육과정 문해력 이전에 전제되어야 할 조건이 있다. 교육과정 문서나 정책을 생산하는 주체들은 수요자인 교사가 쉽게 이해하고 실천할 수 있도록 교육과정 문서나 정책에 대한 전달력을 갖추어야 한다. 교육과정 수요자인 교사의 교육과정 문해력과 교육과정 문서·정책 생산자인 교육학자 및 교육행정가들의 교육과정 전달력이 함께 갖추어져 시너지 효과를 발휘한다면 학생 중심 교육 실현 가능성은 높아질 수 있다.

교육과정 문해력은 교육과정 문서를 읽고 해석하여, 학생 중심의 교육과정 설계, 수업 디자인, 과정중심평가를 실천할 수 있는 능력이다. 교육과정 문해력이 발휘되었을 때 교육과정-수업-평가-기록이 일체화될 수 있으며, 학생 중심 교육이 실현될 수 있다. 즉, 교육과정 문해력의 최종 목적은 '학생 중심 교육'이며, 미래교육을 위한 교육과정-수업-평가의 변화로 연결될 수 있다.

　전국의 많은 교사들을 만나 보면 교사로서 전문성 신장에 대한 욕구와 열정을 쉽게 확인할 수 있다. 하지만 학생 중심 교육은 교사의 노력만으로 실현되는 것이 아니다. 교사의 교육과정 문해력 이전에 교사 누구나 쉽게 이해하고 실천할 수 있는 교육과정 문서와 정책을 생산하고, 이를 효율적으로 전달할 수 있는 교육행정가와 교육학자의 교육과정 전달력 또한 함께 갖추어져야 한다.

이 책을 쓸 수 있는 밑바탕이 된 학교에서 교육과정 문해력을 키우고 실천해야 하는 역할과 기회를 주셨던 분들과 전국의 많은 선생님들과 연수를 통해서 함께 소통할 수 있는 기회를 주셨던 분들께 감사의 말씀을 드린다.

참고문헌

교육부(2015), 2015 개정 교육과정 초·중등 교육과정 총론

교육부(2015), 2015 개정 교육과정 총론 해설서

교육부(2015), 초등학교 교육과정(교육부 고시 제2015-80호, 별책2)

2015 개정 교육과정에 따른 평가기준

경기도교육청(2018), 성장중심평가 길라잡이

한국교육과정평가원(2017), 과정을 중시하는 수행평가 어떻게 할까요?
(연구자료 ORM 2017-19-1)

경기도교육청(2015, 2016) 교육과정, 수업, 평가의 행복한 만남

김경자·온정덕·이경진(2017), 역량 함양을 위한 교육과정 설계 : 이해를 위한 수업,
교육아카데미

한국교육개발원 이슈페이퍼(2016), 과정중심 수행평가의 방향과 과제(CP-2016-02-4)

한국교육과정평가원(2017), 과정을 중시하는 수행평가, 이렇게 해요!(vol.5)

교육부(2018), 학교생활기록 작성 및 관리지침(교육부훈령 제243호)

경기도교육청(2016), 배움중심수업 2.0의 이해와 실천

한국교육학술정보원(2015), 꿈과 끼를 키우는 학생 평가(초등)

경기도교육청(2017), 교육과정 문해력 이해 자료

한국교육개발원(2015), 학생평가 교원연수프로그램(TM 2015-09-1)

제이 맥타이·그랜트 위긴스(2016), 핵심 질문, 사회평론아카데미

김선영·소경희(2014), 교사들이 기대하는 교육과정 자율권 탐색, 아시아교육연구15
권 4호

교육과정 문해력

초판 1쇄 발행 2018년 11월 20일
초판 6쇄 발행 2022년 12월 1일

지 은 이 유영식

펴 낸 이 이형세
펴 낸 곳 테크빌교육㈜
주 소 서울시 강남구 언주로 551, 프라자빌딩 5층, 8층
전 화 02-3422-7783(333)
팩 스 02-3442-7793

ISBN 979-11-6346-006-0 13370